城市智慧创新国际联合研究丛书

丛书主编：关成华

北京师范大学城市绿色发展科技战略研究北京市重点实验室

TRUST :: DATA
A New Framework for Identity and Data Sharing

信任与数据
身份与数据共享的创新框架

[美] 托马斯·哈乔诺 大卫·舍瑞尔 阿莱克斯·彭特兰 编著

陈浩 译

中国财经出版传媒集团

经济科学出版社

Economic Science Press

图书在版编目（CIP）数据

信任与数据：身份与数据共享的创新框架/（美）托马斯·哈乔诺，（美）大卫·舍瑞尔，（美）阿莱克斯·彭特兰编著；陈浩译.—北京：经济科学出版社，2018.10

书名原文：Trust:: Data：A New Framework for Identity and Data Sharing

ISBN 978 - 7 - 5141 - 9866 - 9

Ⅰ.①信…　Ⅱ.①托…②大…③阿…④陈…　Ⅲ.①移动通信 - 通信技术 - 应用 - 金融 - 商业服务 - 研究

Ⅳ.①F830 - 39

中国版本图书馆 CIP 数据核字（2018）第 239922 号

图字 01 - 2018 - 6529

责任编辑：周秀霞
责任校对：曹育伟
责任印制：李　鹏

信任与数据：

身份与数据共享的创新框架

［美］托马斯·哈乔诺
　　大卫·舍瑞尔　　编著
　阿莱克斯·彭特兰
　　陈　浩　译

经济科学出版社出版、发行　新华书店经销
社址：北京市海淀区阜成路甲 28 号　邮编：100142
总编部电话：010 - 88191217　发行部电话：010 - 88191522
网址：www. esp. com. cn
电子邮件：esp@ esp. com. cn
天猫网店：经济科学出版社旗舰店
网址：http：//jjkxcbs. tmall. com
北京季蜂印刷有限公司印装
710 × 1000　16 开　14.5 印张　210000 字
2018 年 11 月第 1 版　2018 年 11 月第 1 次印刷
ISBN 978 - 7 - 5141 - 9866 - 9　定价：48.00 元
（图书出现印装问题，本社负责调换。电话：010 - 88191510）
（版权所有　侵权必究　打击盗版　举报热线：010 - 88191661
QQ：2242791300　营销中心电话：010 - 88191537
电子邮箱：dbts@ esp. com. cn）

信任与数据：

身份与数据共享的创新框架

Trust:: Data

A New Framework for Identity and Data Sharing

VISIONARY FUTURE

www. VisionaryFuture. com

本书部分内容先前已发表过，经作者同意转载于此

编著者

［美］托马斯·哈乔诺　　大卫·舍瑞尔　　阿莱克斯·彭特兰

致谢

感谢我们的孩子，他们激励着
我们创造更加美好的明天

城市智慧创新国际联合研究丛书

主　　　编	关成华	
学 术 顾 问	阿莱克斯·彭特兰　李晓西　郭　为	
	韩国义　张建平	
编　　　委	陈　浩　涂　勤　张江雪　宋　涛	
	郑艳婷　肖　尧　施发启　赵　峥	
	崔　琦　彭玉珏　张佑辉	
本书参与人员	宋　涛　郑艳婷　肖　尧　崔　琦	
	魏　杨　彭　桥　贺　玲　王琳娟	
	马丹丹　陈美佳　许婉婷	
单　　　位	北京师范大学	
	城市绿色发展科技战略研究北京市重点实验室	

目录

导言　可信任数据

托马斯·哈乔诺

大卫·舍瑞尔

阿莱克斯·彭特兰

社会的神经系统①

我们和麻省理工学院的同事们正在尝试创造未来。在我们看来仅仅评估、分析世界的现状，预测变化趋势是不够的。我们试图创造新的工具、框架，帮助人们达成共识，创造美好明天。

当前在数据、个人隐私和信息安全领域，依然存在许多问题，但难以找到有效的解决方案。各国政府日渐意识到目前高成本与风险的状况，并急于改善。

本书将介绍对技术和方法的新思考，包括如何更好地管理身份（identity）、保护个人信息、改善信息的应用方式及保护关键数据免受攻击。我们将探索"数据新政"的意义及人们赋予个人信息的价值，包括在法律和政策方面的含义。

为此，我们在世界多处，包括意大利的特伦托、哥伦比亚的波哥大等地，建立了"生活实验室"（Living Labs），用以测试上述信息管理相关技术的实施效果。

政府、能源和公共卫生数据系统的信任构建

构建可信任的数据系统，并理解其构建的动力和框架及数据系统本身所蕴含的信任含义，是大有裨益的。维系一个健康、安全和高效的社会系统是一项挑战，其甚至可以追溯到 19 世纪。当时的社会经历了工业革命的剧烈变革，刺激了城市的快速增长，也引发了严重的社会环境

---

① 本部分的早期版本出现在 2012 年 1 月的 IEEE Computer 期刊上，作者是阿莱克斯·彭特兰。

问题。当时的解决方案是通过建立中心化的健康、安全、教育网络系统，提供清洁水、安全食品、垃圾清除、能源供给和便利的交通等系列服务。

这些历经百年的解决方案日渐陈旧。而当代社会依然缺乏整体性设计，致使社会无法利用新的数字反馈技术动态的反映社会系统的变化。

我们需要深入反思当前的做法。不是仅按功能将社会系统划分为水系统、食物系统、废物回收系统、交通系统、教育系统、能源系统等多个单一系统进行孤立分析，而应采用综合性的分析方法。不是仅聚焦于如何使用和分配系统，而是应该通过设计一个复杂的连接网络，去构建动态的、网络化的自我调节系统。简而言之，为确保未来社会的可持续发展，我们必须利用不断发展的技术为人类社会创造一个智慧型的"神经系统"（Nervous System），以维持国家政府、能源和公共卫生系统的稳定发展。

我们的核心思想是重塑一个实时的、积极动态的社会系统：通过情态感知，将观测数据与动态的需求—反应模型相结合，并通过预测更新系统。幸运的是，许多感知器和相应的数据更新系统已经就位。然而，我们当前所缺乏的是建立在可信数据架构之上的动态交互模型，用于保障数据的安全、稳定和效率。

人是所有这些系统的核心，个人行为的交互正以几何级数增长的模式产生了大量数据，所以我们必须通过仔细观察个体行为，构建相应的模型，以描述人的需求和行为反应。

梅格莱娜·库内娃在 2007 年至 2010 年期间担任了欧盟委员会消费者权益保护事务专员，强调了个人行为数据的重要性，并将数据形容为"互联网的新石油和数字世界的新货币"[1]。

随着行为感知数据的快速增长，未来系统的架构必须能够充分保障所有潜在参与者的个人隐私与公平对待。正如美国联邦贸易委员会主席乔恩·莱博维茨所说："隐私和安全保护从一开始就必须嵌入到公司的程序、系统和技术中，使之成为公司商务模式的有机组成部分。"[2]

阿莱克斯·彭特兰认识到利用无处不在的移动感知来重塑社会基础设施需要全体公民、政府和企业的共同支持，于 2007 年在世界经济论坛（WEF）提出了建立"数据新政"（A New Deal on Data）[3] 的构想，由此开启长达多年的由 IT、无线、基础设施和金融公司的领导人以及各种国际监管组织和非政府组织负责人共同参与的对话（就"数据新政"，第 4 章中将作详细解读）。

这次讨论催生了次年的"重新思考个人数据"（Rethinking Personal Data）项目（www.weforum.org/issues/rethinking-personal-data），并于 2011 年出版了《个人数据：一个新的资产类别的出现》一书，对"数据新政"的认识渐趋一致，提供了对未来路径的深刻见解[4]（见附录 A）。

无处不在的感知

由移动电话产生的位置数据是一个最好的例子。这些数据在过去十年来非常普遍，对社会极具价值，但非常敏感。

全世界现在有超过 50 亿的手机用户，且按每天数百万新用户的速率持续增长。庞大的手机用户通过语音联系在一起，这在人类历史上还是首次。更重要的是，手机是位置感知平台，通过连接无线网络，感知人们日常生活、工作以及交通位置信息。我们可以通过手机这种移动无线基础设施进行"现实挖掘"，来了解人类的行为模式，监测环境，并规划社会的发展。目前这种功用尚未充分发掘，但是研究人员已经利用感知功能，来测度城市人口变迁，绘制在自然灾害和紧急情况下的人口流动分布，追踪疾病的暴发，识别社会服务欠缺的社区，以及监管交通拥堵[3]。

图 1 由 A、B 两图组成。其中，图 1A 基于手机的 GPS 数据揭示了城市内的移动模式，并且对餐厅、娱乐场所等地方的常见移动模式进行

了颜色编码。图 1B 通过甄别这些移动模式揭示出不同行为模式的子群体。对行为模式分类通常比标准的人口统计学能更准确地预测人们患某些疾病（如糖尿病）的风险、消费偏好、财务风险和政治观点。同时，在促进公共卫生、改善城市规划、加强救灾能力和发展公共教育等方面也显示出了巨大潜力[4]。

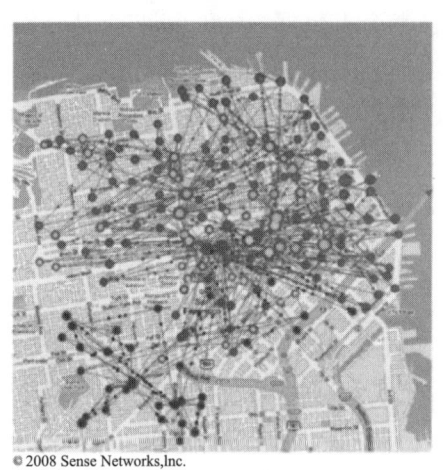 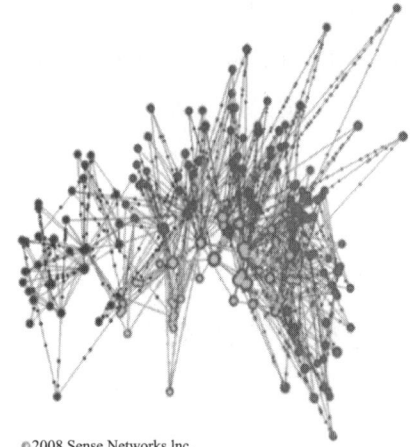

© 2008 Sense Networks,Inc.   ©2008 Sense Networks,Inc.

A. 城市内移动模式   B. 部分群体的不同行为模式

图 1   基于手机 GPS 数据的城市内移动模式

数据所有权和隐私

无处不在的感知系统所带来的最大挑战是用户数据的所有权和隐私之间的矛盾[3]。网络数据分析技术的发展既要为数据所有者创造价值，同时又必须保护用户的隐私。

这些数据不能被私人公司独自掌握，否则将不能对公共利益有所增进。同时，这些数据也不能被政府独揽，如果这样，将会降低数据的透明度，损害公共利益。同样的，我们应该强制使用匿名数据，然后才可汇总结果。强大的协作和数据共享模式必须既能保护消费者的隐私又能保护企业的竞争利益。

目前，私人机构收集了绝大多数个人数据，比如位置模式、金融交易、电话和互联网通信等等，私人机构由此将成为数据隐私和所有权谈判中的关键角色。人们希望有相应的政府监管和市场机制来鼓励数据所有者分享他们收集到的数据，为个人和整个社会服务。

数据新政（New Deal on Data）

就像金融市场和商品市场一样，创建信息市场的第一步是定义所有权。这就是为什么世界经济论坛报告的副标题把个人数据称为"新资产"[4]。要确定"拥有自己的数据"含义，最简单的方法是根据英美法系关于所有权、使用权和处置权的定义进行类推：

• 你有权拥有你自己的数据。无论什么样的组织或个人收集你的数据，这些数据都属于你，你可以随时访问自己的数据。数据收集者扮演类似于银行的角色，代表他们的"客户"管理数据。

• 你有权控制自己数据的使用。数据使用条款必须具有可选性，而且必须以明确的语言加以解释。如果你对公司使用你数据的方式不满意，可以把数据删除，就像你关闭银行账户一样，因为该银行没有提供令人满意的服务。

• 你有权处置或发布自身的数据。你也可以销毁个人数据或将其重新部署到别处。

我们将在第4章对这些概念进行扩展，在这里只作简单扼要的说明：

个人数据的所有权必须与公司和政府的需求相平衡，以便它们使用某些数据（如账户活动、账单信息等）进行日常工作。总之，"数据新政"的主要目的是让人们对自己的个人数据拥有所有权、使用权和处置权。

执行数据新政

行使个人数据所有权不是简单地认证个人的身份，它还要验证个人、机构甚至设备是否有权访问和使用个人数据。随着越来越多的商业、金融和政府服务机构收集和使用个人数据，确保全球身份认证和声明的基础设施的整体性与协作性将会变得至关重要。

由于没有一个权威机构可以对所有的交易、故障和攻击进行微观管理，所以像互联网这样的全球性基础设施必须采取分布式部署并以用户为中心，以便互联网可以快速创新、有效遏制攻击并实现自我纠正。

"开放身份交换"（OIX）等机构使用的信任网络或信任框架就是分布式架构的一个例子，这种分布式架构不仅为大公司所接受，也得到了许多政府的认可。

个人数据信任网络（Trust Network）是与"开放身份交换"（OIX）的数据生态系统非常类似的一种信任网络，它需要对欺诈和欺骗行为进行持续监视和标记。这不仅需要软件的创新来跟踪和审核网络中的交易活动，还需要相关政策和合同法的建立确保交易活动可以简单、公平和有效的执行并在出错的情况下进行补救。

麻省理工学院连接科学实验室（MIT Connection Science）创建的OPAL/ENIGMA项目就是为了开发信任网络的原型，以支持世界经济论坛"重新思考个人数据"项目，并测试了该信任网络在万维网（http：//trust. mit. edu）运行情况。第 2 章和第 3 章将详细介绍 OPAL/ENIGMA的组成部分。

随着身份的认证和声明完全自动化，法律和行政流程也应该变得更加高效、透明和负责。简而言之，为了实现高度可靠与革新的身份声明，数字技术不仅应该被用来加快全球基础设施的创新，而且还应该用来消除法律与监管的不确定性、成本和摩擦。这将大大降低交易成本，产生新形态的流动资产和创新型业务。

可被验证的信任能降低交易风险、提高客户忠诚度，因此其信誉可以被验证的个人数据管理者在未来线上服务和移动服务方面将获得极大的经济利益。

真实世界的网络

由传感器产生的个人数据无处不在。这些数据的性质和所涉及范围对于很多人来说是陌生的，但是可以确定的是在互联网上已经存在大量的个人数据。

这些互联网个人数据主要包括3个方面内容：（1）由用户向社交网站、博客和论坛提供的信息；（2）在线商家或机构的交易、注册数据；（3）网络浏览和点击流历史数据。有些研究人员已经开始去挖掘利用这些互联网个人数据，比如对用户提供的图像和视频的挖掘分析，尽管这些数据是用户有意识产生的，但是与被动采集的传感器数据（如通话记录和电话位置数据）一样，仍然是一个挑战。

网络在一个不受管制的环境中演变，对于个人数据的隐私没有一致的标准。对于这些数据的权利，人们并不清楚，而且因地而异。像位置数据、医疗传感器数据等，由受到严格监管的行业收集，这些数据具有相当明确的所有权规定，并且可以通过把数据新政扩展到现有框架获得更广泛的分享。这种不受管制的真实世界的网络应该受到严格监管。幸运的是，现有的网络公司正面临着要达到监管行业所要求的更高标准的压力。

这种压力正在缓慢地推进个人数据的发展。例如，在世界经济论坛领导的第一轮讨论中创立了"重新思考个人数据项目"，在这之后，谷歌发布了 Google Dashboard（www. Google. com/dashboard），可以让用户知道有哪些数据是关于他们自己的。在第二轮讨论之后，谷歌成立了一个由工程师团体组成的"数据解放阵线"（www. dataibernation. org），其使命是"用户应该能够控制他们存储在谷歌任何产品中的数据"，其目标是"使数据更容易进出"。

这些新工具有可能把乔治·奥威尔"全控状态"这种反乌托邦式的愿景变为现实。因此，我们必须思考个人数据量的增长以及在驱动社会系统方面日益广泛的使用，尤其是这些数据的安全性、稳定性和公平性。

现行法律水平远远落后于我们收集和处理相关数据的能力；显然，我们的隐私和数据所有权概念必须适应这些新技术。或许建立相关法律的第一步是让人们拥有自己数据的所有权，保证正在成为全球新货币的数据具有所谓的"公平信息做法"。现在是时候利用我们在金融财富分配和管理方面的丰富经验，以公平有效的方式来建立符合我们愿望的社会制度。第 4 章和第 5 章对新数字时代的隐私和法律问题进行了深入的思考。

拟议的数据新政可以确保数据责任和数据所有权，我们已经成功地说服政府、行业和非政府组织领导人采用这一新政。第 6 章和第 7 章详述了这里所描述的各种要素如何在"生活实验室"（一种新的社会形式）这种紧密联系的现实世界系统中运行。

如果我们能够成功地应对这些挑战，目前的制度将演变成一种有效的社会神经系统。它将为我们提供更好的公民服务、更绿色的生活方式和更安全、更健康的人文环境方面，并使投资得到多倍的回报。

第 1 章　迈向可信数据的互联网

阿莱克斯·彭特兰

大卫·舍瑞尔

托马斯·哈乔诺

欧文·沃拉达斯基－伯杰

2016 年 7 月，我们与来自美国电话电报公司、IBM、万事达公司、高通公司、美国财政部和商务部的多位高级管理人员一起，在麻省理工学院召开会议，商讨网络安全问题，并向白宫委员会提交建议，摘要如下。

执行摘要

经济和社会正在从基于纸质文档的物理交互世界，向由数字化数据和数字交易管理的世界迈进。然而，当前的身份和数据安全管理模式已经无法适应时代的变化。大规模网络欺诈、身份盗用和数据泄露问题已相当盛行，但针对大多数个人数据的安全认证方式却仍非常原始。因此，作为国家战略性资产的数字基础设施必须具有抵抗威胁的能力。如果我们能够创建一个可信任的数据互联网，为每个人提供安全、有保障的数据访问，就可产生巨大的社会效益。比如，提供更为优质的医疗健康体系、更具包容性的金融系统、更多的公众参与以及更优质的公共服务等。

未来的国家网络安全应当建立在可信任的数据网络技术基础之上，以实现可验证的身份追溯与数据可信性，从而为新技术解决方案、政策和应用实践提供更好、更经济的可行路径。此外，具有可信任数据的互联网必须保护人们的隐私，确保公共、经济与国家的安全，并增强公众、个人与商业伙伴之间的纽带关系。

为了实现这些目标，联邦、州和地方政府应该与学术界和私营运营商等携起手来，共同打造一个具有可信任数据的互联网。可信任数据互联网的组成部分：

可靠的数字身份：无论是个人还是组织，"身份"是通向其所拥有数据并实现数据共享的关键。数字身份不仅包含了唯一且不可伪造的证书，而且具备能力访问所有与个人身份相关的数据，及控制个人在不同情境下扮演的不同"角色"。这些化名身份或"角色"包括"工作岗位上的你""卫生系统中的你""政府系统中的你"等，以及在特定个人社会关系中定义的你。每一个化名身份都拥有与现实情境相关联的数据访问权,该权限仅由核心的"具有生物属性的你"所拥有和控制。实现上述功能,需要有一个基于身份和访问管理的全球策略。在不危害个人隐私或安全的前提下,真正实现数据的可信任、可追溯与可共享。依据该全球策略建立的大部分基础设施在技术上并不复杂,基本的技术原则已经由美国国家标准技术研究所(NIST)的网络空间可信任身份国家战略计划所定义,并广泛运用于移动运营商和其他规范化的服务机构等。国家需要通过建立可靠的数字身份,保障网络安全,实现通用的数据访问。

可信任的分布式网络管理(Distributed Internet Trust Authorities):可以看到,中心化的管理系统是网络安全中最薄弱的一环,内部人员和竞争对手均可利用其弱点一举摧毁整个系统。该问题最有效的解决办法是把权限分配给许多可信任的参与者。这样,即便其中一个甚至多个参与者实施危害性行动,也不会破坏整个系统的安全,这已经是最高安全系统的标准做法。例如,在核武器系统中,没有任何一个人可以单独控制核导弹的发射。这种安全共识策略需要被广泛运用到更多领域。例如,以区块链为基础构建的数字加密货币,以分布式账本的形式所建立的全球安全系统甚至可以在非常恶劣的环境条件下安全运行。

目前,已经有很多私人公司投入大量资金来部署这种高效、便捷的"共识分类账技术"软件系统。美国应制定相关政策,鼓励私人机构和科教部门合作,数字身份由个人提供,并由多个接入服务提供商进行验证签发,以充分利用这些新技术。

分布式安全计算(Distributed safe computation):如果不能果断地推广运用数据最小化、数据加密和分布式计算,核心系统将会遭受越来越多的损害。因为当前的防火墙、事件共享和攻击检测方法不可作为网络安全的长效解决方案,所以需要采用一种更为可靠的方法。目前,这种保证数据安全生态系统的"最优"技术正在构建和测试中,详情请参阅麻省理工学院的 ENIGMA 项目。同时,鉴于此项工作的紧迫性,欧盟数据安全机构正支持研发相对简化和易于部署的 OPAL 系统(开放式算法,由麻省理工学院开发，并得到法国的支持），并在一些国家试行测试。

　　上述开放式算法的构思是：数据不会被复制或直接共享，而是把算法推送到现有数据库，在后端防火墙保护下进行安全运算，只有加密后的运算结果是被返回共享的。这项技术虽然可以最大限度地减少数据库被攻击或被非法使用的机会，但当系统处于加密状态时，这种方法会限制数据生态系统协同处理和分享数据的能力。值得关注的是，为了降低风险，开放式算法可以与匿名化识别技术相结合，并且从长远来看，该技术会向完全加密和计算友好型模式发展。其他方法，如同态加密和安全多方计算（secure Multi - Party Computation，sMPC）也可实现加密数据在不被解密或读取的情况下访问与使用，并实现数据访问和使用的可验证和可追溯。特别是，这类方法允许以授权方式查询数据的"属性"，这将成为既兼顾数字隐私保护又促进数据生态系统创新的重要模式。美国政府应该制定一个路线图，从现实情况出发，通过采用类似开放式算法的转换技术，最终完成像麻省理工学院 ENIGMA 那样的解决方案。有关 OPAL/ENIGMA 的更多信息，请参阅第 3 章。

　　全面的数据访问（universal access）：如果不具备全面的数据访问性，安全的数字化基础设施的优势便会大大降低。美国政府通过制定相关政策来促进用户数据的通用访问，该政策以类似实体邮政信箱的方式，为所有居民提供安全的、由居民自己控制的个人数据存储服务。凭借居民数字身份，并使用具有安全保护功能的移动设备和网络终端，增进政府利益和信息交互，比如，提供便利的税收转账和信息查询等公共服务。

　　美国邮政局早已制定了以数字邮箱的方式存储个人数据的规划，相关的移动运营商和其他被规制化的服务机构也已搭建了安全的数字身份基础设施系统。

　　必要的投资：我们建议美国政府建立一个"生活实验室"，该实验室的作用不仅是要进行技术测试，更是要在真实世界的条件下，利用一切可用和必要的技术，部署一个全新的小规模的数据生态系统，以获得公民和利益相关方的反馈。生活实验室通过验证理论概念，树立公民对大规模系统部署的信心，并验证技术解决方案的可行性。我们还建议美国政府支持远程教育"微学位"（如 MOOC 等），加强对劳动者在网络安全领域的培训。这种继续教育方法在改变美国公司员工的技术素养方面已被证明是颇为有效的。

生活实验室为研究人员和开发者提供了理想的场所。在生活实验室中，可以通过可信任数据网络研究和解决相关的难题和挑战，为他们提供了接近真实世界的模拟环境。在该环境下，通过分布式的信任决议机制部署更可靠的身份识别系统，区块链技术就是其中一个典型的例子。生活实验室通过推送算法至现有数据存储库，实现分布式安全计算。建立生活实验室的关键一步是实现通用的数据访问机制，以发挥其作为新技术的各种优势。在第 7 章中会详细介绍生活实验室。

引言

我们的经济和社会正在从历经两个世纪的工业时代向数字时代的历史性转变。前者主要基于物理交互模式，后者则基于全球范围内的数字化交互。先前用于管理身份和数据安全的方法已证明不适用于当前新兴的数字化世界，已导致了严重的网络数据安全问题。在时代的转折点上，很多模式已被证明失效了。

• 虽然当今经济和社会正快速数字化，但现有身份验证机制仍停留在模拟信号技术时代。这引发了包括针对银行、保险、税收等部门，以及针对像 Uber 和 AirBnb 这些企业的大规模的身份盗用问题。这就出现了一个如何兼顾公平和公正的问题，使所有人都须拥有坚固可靠的数字身份。

• 长期以来，商业企业和政府机构所建立的 IT 系统和数据存储库都是彼此孤立和互不兼容的。为了发展新一代的数字经济，使商务运行的速度和效率与互联网发展速度相匹配，我们必须通过数据分享与交互操作来提升公众、私营和个人在可信任数据方面的协作。在普遍接受的协议基础上，实现数据安全分享与可追溯，以此提高业务效率。

与此同时，日益数字化的世界正在为增进经济的包容性、改善医疗保健条件、加强财政支持、鼓励更多的公众参与、加强政府服务功能等方面创造更多的机会。

为了应对这些机遇与挑战，奥巴马总统于 2015 年签署行政命令，在美国商务部内建立了"加强国家网络安全委员会"。该委员会的职责是："鼓励政府、私营部门和国家共同采取积极可行的措施，以提升当今数字世界中的网络安全，并在 12 月初提交报告"。

2016 年 5 月 16 日，在纽约市举行的公开会议上，该委员会邀请我们工作组的主要成员加入了一个专门讨论如何利用研究和发展机遇的专家小组。我们在向委员会做陈述报告时强调，为了提升数据分享双向信息流的速度和质量，政府、科技公司和学术界应在六个关键领域共同努力。这六个方面对于通过运用综合性的网络安全保护方法建立一个大数据社会是至关重要的：

● **身份认证**：必须建立一个新的身份管理系统，以取代目前不完善的系统。

● **可信赖、可追溯的数据源**：系统必须自动跟踪对于数据所做的每个更改，从而使数据变得可追溯并且完全可信赖。

● **安全的、能保护隐私的处理过程**：我们必须确保参与者能够参与信息交易过程并保证参与者签订的合约会在不会泄露其隐私或机密信息的前提下履行。

● **普遍可及性**：新的、可信任的数据基础设施必须让每个人都能从中获益，同时也必须保护人们的隐私。

● **研究与开发**：我们需要利用"生活实验室"进行现场试验，以极大提高私营和公共部门网络创新的速度和规模。

● **人力资源开发**：企业严重缺乏受过网络知识培训的员工以及相关的网络安全管理技能。我们需要增加并留住优秀的劳动力。当然，这可能需要更多的教育投入以及更有效的激励措施。

信任与数据

我们同时强调，重视完整的系统是重中之重，而不要纠结于个别的技术或技术层面上的事情。此外我们还认为，这些系统应当在"生活实验室"中进行开发，并通过代表性用户群进行验证，以便获得关于这些系统实用性、效率、有效性、伦理等方面的反馈。

在与美国商务部长、白宫网络安全专家组和欧盟数字单一市场副主席的讨论中，我们受邀制订一个能够汇聚政府、业界和学术界多方共同参与的计划，来共同实现这一目标。

2016 年 7 月 11 日，我们在麻省理工学院召开了一次研讨会，开始起草框架文件，阐述上述问题并提出相关建议。参会人员一致认为，我们正处于一个关键转折点，面临的情况与 1990 年初互联网和万维网的快速兴起相类似。从那次讨论起，我们已经在很多方面取得了共识：

1. 亟待解决的问题：

● 在日益数字化的经济和社会中，对加强网络安全的需求。

● 对覆盖个人、私营企业、公共机构以及"万事万物"（物联网）的普及且高度安全的数字身份的需求。

● 对高效地访问、交换和共享关键数据，并提供全面安全隐私保护的需求。

● 整个系统在"不可信"角色存在的条件下，必须具有"容错"机制。这些"不可信"角色可能是你的竞争对手，也可能是你只想与之进行有限数据分享的政府机构，抑或是心怀恶意的"坏人"。

2. 目前，解决上述问题的新的通用技术和潜在解决方案正取得积极进展，主要包括：

● 身份（无论是个人身份，还是组织身份），以及拥有和声明身份的能力。这些是非常关键的问题，需要有一种"身份互联网"（Internet of identity）技术，以真正实现共享功能。

● 区块链网络可以在机构之间提供真实的、可追溯的单一数据来源，并在一定程度上实现数据处理的自动化。然而，机构之间也必须选择分布式的信任源，以确保这种网络的适度性。身份对于促进区块链技术的广泛应用起着至关重要的作用。

● 在个人数据存储和安全多方计算等研究开发的基础上（请参阅麻省理工学院研发的 OpenPDS 和 ENIGMA），我们可以开发一个安全的、可信任的和可授权的新数字生态系统。

3. 私营部门、政府和学术界需要共同努力解决这些关键问题，并利用这些前沿技术来推动和激励社会协作与创新活动。同时，人们需要接受一致性的教育，以了解在形成这一新系统的过程中每个人可以扮演的角色以及发挥的作用。

尽管有人会问：“我们是否仅仅是在用未知的风险来替代已知的风险呢？”必须要意识到，现有系统的缺陷已经十分明显，亟须一种新的方法来替代。鉴于这些担忧，我们围绕可靠的身份和可信任数据，阐述了潜在解决方案，该方案可以在支持公平信息实践原则的同时，实现身份的可追溯性和数据的可信任性。

可靠身份的承诺

我们的使命是通过将个人与数字身份互联的方法，建立一个健全的身份框架，同时保护个人隐私。我们所说的“健全”意味着“值得信赖”同时“不可伪造”。这样做的好处包括：

● 为那些未享受到或未充分享受到银行服务的人提供更好的金融服务；

● 为人们提供更好的医疗保健服务，减少医疗事故和提高护理水平；

● 为人们提供更好的政府公共服务；

● 为人们提供更好的其他基本服务（例如，更便利地获取房屋住所的服务）。

需求的驱动力

- 许多问题正在驱动着人们迫切地需要一个健全的"身份"（identity）。
- 健全的身份是实现网络安全的基础。目前的网络安全系统不足以完成这一任务，全球私营和公共部门最近经历的许多次大规模数据泄露事件都足以证明这一点。
- 我们都需要以一定的"身份"来访问各种服务。
- 从实体身份认证（"我看见你在我面前，我知道你就是你"）到数字格式身份认证（"在互联网上，没有人知道你到底是谁"）的转换不够便利和健全，存在缺陷。
- 授权问题：谁提供身份？
- 身份具有独特、强大、可验证和不可篡改的特点。

潜在的解决方案

新的范式认为，你是你自己的数字足迹，并且你拥有对自己数据的所有权。就像英国大宪章在 1215 年确立了个人财产权一样，如今的数字化契约社会也必须为数据确立所有权。

生物识别（behavioral biometrics）的概念已经应用于金融服务和数字认证等领域。麻省理工学院和其他机构进行的研究表明，与基于密码的模型相比，生物识别技术更加难以伪造，可以使安全性提高 10 倍以上。关于所有权："数据新政"概念是我们在 2009 年与世界经济论坛合作时第一次提出的，并在此之后，影响力不断扩大。有几个挑战需要应对，包括但不限于：

- "老大哥"（Big Brother）：对于政府对数据过度管控的担忧。

- **坏人**：无论是在一个组织的内部还是外部，应用数据的积累会增加坏人滥用数据的风险。

- **规模和实施成本**：在全球范围内实施这样的解决方案必须考虑规模和实施成本（与此相关的，谁来为此买单？怎样买单？）。

- **无身份证明的居民**：部署这样一个系统有可能导致贫富个体的数字身份的分化制度化，进而导致一些新的问题。比如，地方政府采用某种方法，区分了没有身份证明的居民，即使当联邦政府还没有实施类似措施。

- **依法平等保护**：我们如何保护那些系统不承认、但事实上确实存在的人呢？

- **通用数据与孤岛数据**：通用数据用处更大，但通常不太安全；孤岛存储是一种更安全的措施，但存在难以协同操作的问题。

- **监管滞后**：政策制定者和监管机构的能力建设速度始终慢于技术创新的速度。

关于如何应对这些挑战，人们尚未找到完美的答案。数字身份的创建和管理应该由政府主导吗？就像 EID、印度或爱沙尼亚政府做的那样？还是应该像互联网域名注册那样由行业来主导？数字身份是否应该由非营利或学术型机构来管理，就像 Kerberos（麻省理工学院开发的安全认证系统）联盟或万维网联盟（W3C）那样？最佳路径的建立需要主要利益相关方进行积极对话。

潜在的解决方案：核心身份和角色身份

个人核心身份，即属于该身份所有者个人且不可分割的那个身份，是整个数据身份的关键。其他形式的数字衍生身份（称为"角色"）都源于核心身份，这些数字衍生身份具有实际用途，并且在数字交易中具有法律约束力。个人必须有权可自由地选择在互联网上设置一个或多个数字角色，每个数字角色都具有特定的共享和访问权限，并针对个人生活的特定方面进行定制。每个数字角色会具有不同程度的法律效力，该效力取决于每个数字角色的使用情况和可追溯性。

个人必须能够使用从他或她的相关人物角色衍生出来的交易身份，同时不影响其核心身份的隐私。这一衍生过程还必须允许交易中的依赖方（配对方）能够验证交易身份来源的真实性和可靠性，且该过程不能影响用户核心身份的隐私。新的加密技术，比如零知识证明（zero knowledge proofs），为解决核心身份隐私保护问题指明了方向。

目前，现有的商务模式、法律文书和技术工具不足以支持这类身份数据生态系统。这是因为，当前用于确认个人拥有者的核心身份，以及确认哪些实体或相关者可以访问该身份属性的系统依然缺失。而拥有了这种核心身份，就有可能对多个别名、账号和属性以隐私增强和可扩展的方式进行可靠的认证授权。为此，可行的身份基础设施为用户提供了一种方式，让每个人拥有自己的单个底层核心身份，并把若干"角色"绑定到这个核心身份，每个角色参与活动时不需要访问其核心身份，也不会意识到有其他角色的存在。通过这种办法，政府签发的身份证件（如驾驶执照、护照、执业证书、出生证等）以及可靠的个人相关属性（如银行的信用评分等）都可用来创建对终端用户保密的核心身份。

新模式的一个关键特征是，它必须允许数据生态系统中的实体（i）核实身份的"质量"或安全性；（ii）评估身份相对于任何特定机构（例如政府、企业等）的"自由性"或独立性；（iii）评估数字身份来源的可信性。

我们认为，在未来，区块链系统需要一种新的数字身份模型，其概述如下：

1. **属性来源可靠（Strong provenanced attributes）**：这种数字身份新模型必须建立在现有真实身份的基础上，该身份的来源必须高度可信，且该身份属性的来源也必须高度可信。该身份可以由现有身份提供者（Identity Provider）或在法律管辖区内的其他可信第三方机构（例如银行、政府、服务提供商等）签发。

2. **传递可信的来源**："核心身份"创建的基础是当前存在的高质量的身份标识。换句话说，就是通过使用保护隐私的算法，把具有可靠来源的真实世界现有身份标识，转换为一个承载着可信来源的数字核心身份。

3. **个人身份自发衍生角色**：这是为用户提供的一种便利（以及各种算法/工具），用以建立角色以及自我发布匿名的、可验证的交易身份，每个交易身份都是从用户的核心身份加密衍生出来的，且每个交易身份都具有适合于交易身份的特定许可属性。来自核心身份的信任源也必须传递到衍生的交易身份中。

4. **隐私保护验证**：为依赖数字服务的用户（Relying Parties）提供可保护隐私的验证算法，该算法用以验证任何给定（匿名）交易身份的来源是否可信。这些算法必须在验证交易来源链条（从交易身份到来源属性再到核心身份）的同时保护身份所有者的隐私。

5. **法律信任框架（Legal Trust Framework）**：针对核心身份、角色和匿名但可验证的交易身份，建立基于法律信任框架的区块链身份数据生态系统。这种法律准则目前已经在业界的身份联合计划得到应用，并可作为这一新模式的法律基础。

法律信任框架是一种实现数字身份证书接受方（数字用户）与数字身份证书颁发方（身份服务提供方）的身份、安全和隐私策略的双向信任认证程序。法律信任框架适合部署于特定的数据生态系统中，如身份联盟或两合作伙伴组织。

我们相信，行业中现有的法律信任框架可以扩展并应用于区块链系统。区块链生态系统尤其会需要新类型的实体（entities）。我们把这些实体称为核心身份提供商以及交易身份提供商，它们扩展了身份提供商（IdP）的角色。

核心身份提供商获取了具有高度信任源的用户真实身份后，使用隐私保护功能将其转换为私密的核心身份，并以私密的方式进行保护。该核心身份仅提供给交易身份提供商。在此之后，交易身份提供商向用户提供交易身份签发服务，以及向配对方提供验证服务。用户可以自由地从交易身份提供商那里获得一个或多个匿名交易身份，或自主发布衍生交易身份。在整个过程中，用户的隐私都是得到保护的。交易身份可以在区块链系统中或互联网上与其他用户（配对方）进行使用。交易身份提供商提供的验证服务允许依赖方在交易处理前查询给定匿名交易身份的状态和来源级别。

在区块链环境中，法律信任框架将提供以下功能：

• 网络可扩展性：网络可扩展性允许交易双方在没有事先参与的情况下，在区块链上进行交易，从而实现网络可扩展性；

• 来源评估：来源评估允许配对方（交易对方）在开始交易之前评估（匿名）交易身份的"可信度"（来源和质量）；

• 跨辖区互操作性：跨辖区互操作性为核心身份和（匿名）交易身份提供合规的基础，以便在不同的规范管制范围内得到承认；

• 新的商务模式：新的商务模式鼓励服务提供商（包括核心身份提供商和交易身份提供商）围绕新的可扩展性服务及与身份数据相关的合法用途，开发新的商务模式；

• 风险评估和风险管理：风险评估和风险管理为数据生态系统中的实体提供了风险评估的手段，以及提供了用户针对不可预见的问题（例如服务遭到攻击、身份泄露、身份数据盗用、提供商疏忽等）进行数据及服务的合法的风险管理。

数据共享

从终端用户的角度来看，数据正在激增，但人们尚未就用户数据和身份管理找到有效的办法。因此，我们需要一种新的数据共享范式，既能保护用户隐私，又能让整个社会通过数据全球共享受益。

这一新的系统的服务对象涵盖企业和普通消费者。通过把数据和身份控制权赋予消费者，我们可以取得更好的结果。通过技术创新，可以用更简单的形式简化并保护数字身份。

但问题依然存在——解决方案到底是什么样的？它会是像"全球通关（Global Entry）计划"那样吗？谁来管理这样的系统？例如，在"全球通关"的案例中，管理角色是由美国运输安全局（TSA）担当的。在研发方面，也还有大量工作仍需要完成。这一解决方案将创造更多机遇。比如，在创建个人数据市场的同时，个人数据安全得以保障。

潜在解决方案的核心思路

共享数据的隐私保护需要从全新的角度去审视。其中，一些关键的概念和设计原则需要通过概念证明（PoC）来论证。这些关键点包括：

1. **推送算法至数据端**：这一概念是指在数据端（称为数据存储库）执行算法运算（即查询）。这意味着原始数据绝不会离开其存储库，且数据访问由存储库/数据所有者控制。

2. **开放式算法**：算法（即查询或脚本）必须由专家公开发布，研究和审查，以确保其"安全"，不会违反隐私要求及与算法合法使用相关的其他要求。

3. **许可使用**：因为数据和身份属性的使用是交易的一部分，所以当对这些数据进行计算时，必须事先获得数据所有者明确的授权或者默许。

4. **始终返回"安全答案"，而不是原始数据**：在执行计算时（例如，在回答查询时），数据存储库必须总是返回"安全答案"，而永不返回原始数据。这一概念旨在通过多个回复之间的关联来解决数据隐私和潜在危险识别等问题（个人识别信息或 PII）。

5. **数据始终处于加密状态**：应全程（无论是静态驻留、动态传输还是计算中）对数据进行加密：数据既不需要在计算之前解密，也不需要在计算之后再加密。目前已经出现了一些对加密数据直接执行的高级加密运算技术。

我们试图解决以下两个通用情形：

- **单一存储库计算情形**：在这种情形下，加密数据的计算由单个存储库执行，该存储库可以采用物理分布式的节点集（例如 P2P 的协作网络）来帮助存储部分数据，以提高抵抗攻击的能力。诸如密钥共享方案之类的加密技术为解决这些需求提供了可能性。

- **多方协同计算（多方计算）情形**：某些查询可能需要由多个参与者（例如存储库）采用协作/仲裁方式计算，并保护存储库里数据的隐私。每个参与者可以看到最终的聚合计算值，但他们不能看到彼此的原始数据。诸如多方计算（MPC）之类的加密技术为解决这些问题提供了一种途径。

6. **网络化的协作环境与可审计记账的区块链**：点对点（P2P）网络（如超级账本系统的底层网络）为数据恢复能力和可扩展性提供了一种很有吸引力的解决方案，特别是在与密码技术（如密钥共享和多方计算）相结合时。这些区块链系统基于共识的总账机制，为分布式存储数据查询（日志记录、审计和记账）提供了一种解决方法。

7. **社会和经济激励措施**：为了使隐私保护数据能在更广的尺度上共享，以及为更多的利益相关方所运用，我们必须对拥有"边缘数据"的个人或组织以及基础设施提供商提供相应的社会和经济激励手段。这些基础设施提供商既提供了 P2P 可扩展性网络服务，也提供了基于数据共享动态的实时边际分析和可视化服务。

这些解决方案的总体目标应该是加强数据隐私保护，提高系统的可扩展性和兼容性。下面，我们将针对每一方案的不同演化阶段进行阐述。

解决方案的第一阶段："部署区块链"

该目标是要探索将少量、独立的数据存储库与 P2P 节点和区块链技术的结合使用（如超级账本系统）：

- **API 驱动的查询/响应控件**：数据存储库定义的 API 提供了"硬连线"查询功能。查询器通过向存储库中的 API 发送消息来执行查询，API 又把结果返回到查询器。API 本身对接受的查询类型以及返回的答案精度进行定义。

- **仅返回汇总答案**：API 仅以聚合式统计值的形式返回"安全答案"。这种方法遵从原始数据永不离开存储库这一关键原则。

- **多方存储**：多方数据存储基于如下构思，即每个存储库，基于 API 约束，可能仅存储一种数据（例如 GPS 位置）。对于查询器来说，网络协作环境中的节点允许查询器访问众多不同的数据存储库，这些存储库可被视为 P2P 网络上的节点（即区块链上的节点）。

- **用于探索的元数据**：共享数据假定数据已经是存在的。网络协作环境上的多个节点可视作"元数据目录"，这些节点可以返回与期望数据节点的位置的相关信息。

- **访问请求/响应日志**：直接把日志信息存储于区块链的方法，既低效且扩展性差。相反地，运用诸如 Blue Horizon 公司所倡导的软件技术那样，能提供更具前景的解决方案。每一数据服务参与方（查询者和数据存储端）都能跟踪 API 调用，然后对日志信息进行哈希处理（hashes the logs）。每一参与方必须为 API 调用生成相同的哈希值，以及为发送/接收的数据生成同一哈希值。这些哈希值可以写入区块链，由各方审核，服务于隐私保护。

- **授权和身份**：授权口令与区块链基本身份相结合，重点是通过发布 API 授权对数据存储库进行访问。在这一阶段，可以部署具有成员服务能力的系统，比如超级账本等。

解决方案的第二阶段："将算法推送到数据端"

在上一阶段的基础上，本阶段的目标是为分类的数据提供安全的算法或运行脚本。这些经过审查的算法通过数字签名后发布（例如，在协作网络系统上的节点）。查询者所发布的算法，需要满足如下条件，例如，验证查询者的身份、目标数据存储库、授权口令等。这种方法基于上一阶段访问的 API，通过算法审查来进行更严格的控制。查询者选择的算法及返回的结果都记录在区块链上。此外，公布的算法可被看作驻留在协作网络系统中节点上的智能合约。

- **使用已审核算法/脚本的查询控制**：查询表示为可执行的"算法"或脚本。查询者是把算法推送至数据存储端上的相关节点。

- **灵活查询**：在这一阶段，查询比第一阶段中的 API 驱动方法更具灵活性。Subset SQL 或 Python 可被用作查询/运行脚本语言。

- **算法的安全审查**：首先，由专家对算法的安全性以及算法对隐私保护和返回结果的正确性等进行审查。只允许聚合数据统计查询。所有已批准/已审核的查询副本都要经过数字签名，然后存储在协作网络系统（参与运算的区块链）的多个节点上，以便公开验证。

- **存储库评估和算法执行**：每一个存储库必须分配专门的计算力（"计算引擎"），用于评估针对本地数据的算法查询。而原始数据永远不会返回。

- **更丰富的数据存储**：每个存储库都被假设可存储大量的、不同类型的数据。

- **授权与隐私受保护的身份**（**Privacy-preserving Indentities**）：查询者的身份和存储库的信息需要防止他人运用诸如相关分析法破解私人信息而造成的泄露。基本交易身份可部署在网络上，用于管理身份、隐私及其他机密信息。一些区块链系统（例如超级账本系统）为"成员服务"（即用户的核心身份和交易身份）提供了可行的运行框架。

- **用于记录和监视的区块链**：区块链用于记录所有访问的请求和响应，从而实现审计和事后流量分析。

解决方案的第三阶段："基础性多方计算"

在这一阶段，引入了更复杂的加密技术。这些技术被用于多方安全计算后，可实现支持数据隐私保护的分布式计算。多方安全计算加密算法服务于数据库端的明码文本数据计算。比如，在区块链上的节点具有多方安全计算能力，每个节点都可以参与多方安全计算实例。这一阶段的重点是要关注少数一些基本的多方计算节点的性能，包括计算性能和网络带宽等。一个多方计算节点可以"叠加"在区块链系统的其他节点上。经多方计算完成的原始证据会被记录在底层区块链上。

- **原始数据保留在本地的存储库中**：数据保持私有，并且任何节点都无法看到对方节点上的原始数据。另外，每类数据位于其原始的本地数据存储库中，而不是在对等网络的节点上。

- **静态明码文本数据（未加密）**：静态数据不使用密钥共享加密技术进行隐藏，而是以明码形式存储在给定的数据库中。如此，我们仅需关注多方计算的算法和性能。

- **已知节点的简单多方计算配置**：只需少量的存储库（例如 3 个节点）就可以用来创建多方计算系统。在多方计算中，每个节点都会使用安全信道（例如 TLS1.2）来确保其免受攻击，保护其完整性。并且每个节点都知道其他节点的身份（例如通过 X.509 证书）。

- **预定义的简单查询**：只有简单查询才会被寻址，比如预定义（模板）查询。复杂查询（例如表的内部/外部连接）将留待进一步处理。

- **元数据服务**：一个特殊的服务器将公布可查询的数据类型和可获取的简单操作服务。这样，查询者可在存储库中找到相应的服务。

- **多方计算完成的初始验证**：多方计算节点需要使用匹配验证机制，来记录多方计算在底层区块链上的计算完成情况。证据包括了每个多方计算节点上的步骤和消息流（与其他多方计算节点一起），它们被记录在区块链上，用于以后的重新演示/验证。这与提供参与多方计算节点的给定经济激励相关联。

解决方案的第四阶段："具有加密共享的完整多方计算"

此阶段使用了两种复杂加密技术的组合，即安全多方计算技术（如第三阶段所述）以及加密成片段（或叫作"份额"）的数据技术。重建原始数据项需要达到最小"阈值"数目的份额。区块链上选定数量的节点用来存储数据项的"片段",但绝不存储完整的份额集,从而可有效抵御任何试图恢复数据项的非法攻击。这些节点被称为"份额节点"。多方计算节点还负责从区块链底层份额节点上收集每个数据项的相关份额片段。每个份额节点存有对应于不同数据项的份额,这些数据项又属于不同的所有者。查询者把算法或查询发送到协调节点,该协调节点又将查询者在多方计算节点上表达出来。

- **去中心化的数据存储**:数据存储库不再保存任何完整的数据,而完整的数据以加密数据份额的形式,仅保存在去中心化的协作网络数据系统的节点(份额节点)上。作为数据项的"所有者",数据存储系统必须执行份额管理(即份额创建、发布和重新定位)。

- **份额的分配、再汇集与管理**:每个数据存储库都会实施标准化的份额定位管理功能,该功能支持创建份额"坐标",即每个数据项的所有相关份额的位置。然后将份额"坐标"赋予给定查询实例中所涉及的指定多方计算节点。

- **仅参与多方计算的节点**:这里引入一类新的节点,其目的是仅参与并完成多方计算实例。这类新的节点支持某种"外包"模式,通过该模式,数据服务协调节点(不保存实际数据)把多方计算实例委托给一个特定的多方计算节点。

- **基于份额的基础操作**:加密份额上的简单操作(加法和乘法)。

- **查询到基础运算操作的转换**:把子集 SQL 转化成相关多方计算基础运算操作的简单翻译器(添加和操作)。

- **调用多方计算节点的授权**:查询者必须提供授权证据,证明其已被授权请求一组多方计算节点收集相应的数据份额,并对这些数据份额执行多方计算。

必要的投资

要实现本文所建议的解决方案,对研发的投资是必须的。在评估研发计划时，需要知道哪些是利用的已有基础，以及哪些需要创建。我们建议美国政府建立一个"生活实验室"，不仅可以用于测试，而且可实际地部署这种新的范式。生活实验室不仅可以验证概念，同时可以增强我们在国家和国际层面上推广该技术的信心。麻省理工学院已经在德国汉堡、塞内加尔和美国马萨诸塞州剑桥等地的社区运用了生活实验室模型。

我们设想，测试者人数首先从 10000 人开始，然后是 10 万人以上，再以后是 100 万人以上（大致是在概念尺度上以对数等级增长）。该测试可以从一个邻里或小社区开始，然后是一个小城镇或更大的邻里，然后是一个中型城市。可以在联邦政府内的一个特定部门，或者在一个特定利益团体或面临共同问题的群体（"密切关系驱动"，如退伍军人或联邦工人等）中构建。诸如"交通运输部智慧城市挑战赛"（Department of Transportation Smart City Challenge）之类的竞赛为获奖方案设置了高达 5000 万美元的奖金。比赛中，参赛者就某个问题各抒己见，为各种解决方案提供了可行的模式。

选址标准：

1. 城镇规模；

2. 与重要联邦设施的接近度；

3. 终端点：消费者、卫生系统、金融系统；

4. 实现已有事物的互联协作；

5. 便于咨询：与当地大学建立紧密的合作伙伴关系；

6. 协调本地的"所有者"。

符合这些特征的地域包括科罗拉多州的博尔德郡、德克萨斯州的奥斯汀、纽约州的罗切斯特、康涅狄格州的哈特福德和马萨诸塞州的波士顿。基于社会亲疏关系建立的案例包括为退伍军人管理局或美国邮政管理局（USPS）创建的系统。联邦政府管理机构间的竞争可以刺激创新，就像远景研究计划局网络（ARPANet）和美国国家科学基金网（NSF-net）促成商业互联网的发展一样。

背景

2016 年 7 月 11 日，麻省理工学院连接科学实验室在马萨诸塞州剑桥举行了一次工作组会议，回应了白宫网络安全委员会的呼吁，彭特兰教授、美国商务部长潘妮·普利茨克以及负责单一数字市场的欧盟副主席安西普进行了单独讨论。本文件记录了 7 月 11 日工作组会议的讨论要点。

与会者有：

- 阿莱克斯·彭特兰（麻省理工学院教授）
- 欧文·沃拉达斯基 – 伯杰（麻省理工学院连接科学实验室研究员）
- 大卫·舍瑞尔（麻省理工学院连接科学实验室的常务董事）
- 杰里·丘沃莫（IBM 研究员、区块链技术部门副总裁）
- 史蒂夫·戴维斯（万事达支付创新高级顾问）
- 迈克尔·弗兰克（IBM 区块链技术项目总监）
- 托马斯·哈乔诺（麻省理工学院连接科学实验室首席技术官）
- 格尼·亨特（IBM 研究人员）
- 卡梅伦·克里（麻省理工学院访问学者、布鲁金斯研究所杰出访问学者、美国商务部前总法律顾问兼代理秘书）
- 马克·欧莱礼（IBM 政府监管事务—技术政策总法律顾问）
- 克里斯·帕森斯（美国电话电报公司大数据战略和业务发展副总裁）
- 加里·辛格（IBM 杰出工程师和区块链首席技术官）
- 安妮·谢尔·沃尔沃克（美国财政部恐怖主义融资和金融犯罪办公室战略政策高级顾问）
- 罗德·沃尔顿（高通公司副总裁）
- 埃瑞达·埃乃提（麻省理工学院"连接科学实验室"的创业者）

第 2 章　核心身份：未来交易系统的核心身份

托马斯·哈乔诺

大卫·舍瑞尔

阿莱克斯·彭特兰

区块链技术作为去中心化和不可篡改的共享分类账范例，未来有望带给互联网激动人心的全新发展。区块链技术的崛起也重新激发了人们对身份数据生态系统的兴趣，这种身份数据生态系统不仅可以扩展（超级区块链），还可借助共享分类账实现对于个人和机构隐私的保护。

对于保护隐私和可扩展身份数据生态系统的呼吁近期也得到了网络空间可信身份国家战略（NSTIC）白皮书[1]——《网络空间可信任身份国家战略》的响应。具体来看，网络空间可信身份国家战略的白皮书建议构建一个身份数据生态系统，该系统能实现多个服务提供商之间最大程度限制链接凭证的使用，以避免完整显示私人的在线活动情况等信息。这个建议在其他地方也得到响应[2,3,4,5,6]。

目前，互联网和区块链系统在数字标识方面存在许多尚未解决的问题：

• **与服务相关联的身份**：大多数数字身份（目前通常理解为电子邮件地址）都是作为辅助架构创建的，用以支持访问网上提供的服务。数字身份和服务提供商之间的这种紧密耦合引发了网络上用户账户和凭证激增，并导致了用户账户和凭证难以管理的局面。然而时至今日，用户在访问互联网上的新服务时，仍需要创建账户和身份。

• **交易身份的私密性**：当前互联网身份系统中的一个主要缺陷就是使用这些身份进行交易时毫无隐私性可言。现有的比特币区块链以及新的区块链系统、智能合约和共享分类账等（例如 Ethereum[19] 和 Corda[20]）在互联网上可能也存在着类似的缺陷，即：随着时间的推移，个人身份信息（PII）直接地或者通过大量交易而间接地被"泄露"出去。我们以前的研究[21,22,23,24]表明，即使是很少量的交易行为也可以泄露个人身份信息。

• **在互联网上有大量重复的个人数据**：随着用户账户的激增，互联网上众多服务提供商之间也出现了大量重复的个人数据。这些服务提供商基本上都持有属于相同用户或消费者的同一组个人数据或属性（例如姓名、地址、电话、信用卡号等）。

• **被攻击的风险与相应的责任问题在增加**：拥有个人数据的服务提

供商和相关机构越来越多地受到来自外部和内部的攻击，而这些攻击对业务造成了巨大的损失。欧洲的《通用数据保护条例》（GDPR）[2,3,4]等新法规强化了这些服务提供商在发生数据泄露和身份盗用时应承担的法律责任。

- **低效的商务模式**：当前的身份形式（如简单的电子邮件地址和cookies）是基于不准确数据，利用简单的商业模型，试图理解消费者的社会行为并利用其数据。相比于建立数据孤岛，企业和身份提供商更需要以保护隐私的方式共享用户数据。共享增加了数据的价值，尤其是在跨领域或纵向行业共享数据时更是如此[7]。

在本文中，我们认为可扩展的身份数据生态系统必须建立在数据共享与隐私保护相统一的范式上，因为创建来源可靠的数字身份的能力依赖于在保护隐私前提下的个人数据共享程度。我们认为，像麻省理工学院 OPAL/ENIGMA[8,9]这样的隐私保护数据共享方法（见图2.1），为基于用户信息的未来互联网身份提供了好的基础，与目前大多数身份提供商拥有的"肤浅"的用户信息相比，该技术下的用户信息来源更为可靠。

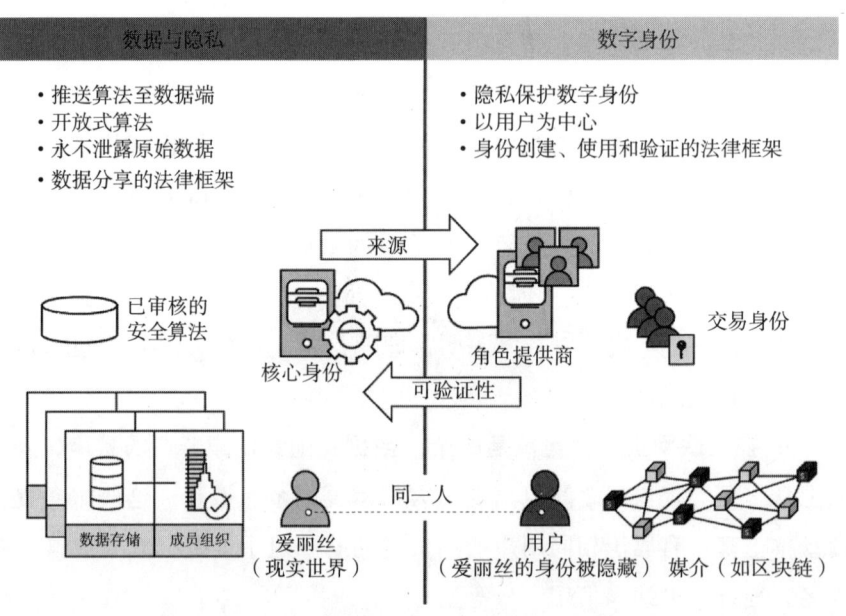

图 2.1　OPAL/ENIGMA 隐私保护数据共享方法

更进一步地，我们认为某些特定身份类型——核心身份——对于拥有该类身份的个人，以及那些通过提供交易或其他数据来签发核心身份的实体来说，核心身份具有内生的私密性或秘密性[10,11]。例如，某个人的部分核心身份可以由银行（管理着某人的银行账户并确定该银行账户是否有效）与此人共同创建。核心身份应该是角色身份的基础，角色身份仅代表了此人的一小部分生活信息。因此，一个人可以拥有多个角色身份，它们分别属于此人在工作、社会、家庭或所属社区中的不同角色。

我们认为，数据（个人数据）需要以不同于数字身份的方式看待，且有用的数字身份必须来自来源可靠的数据。为了保护隐私，我们还主张把来源可靠的数据从派生的数字身份中分离出来。如今，这种数据与数字身份相分离的例子可以在信用卡支付行业中找到。在这些行业里，商家无须知道持卡人的个人数据就可以处理信用卡交易。持卡人的个人数据由发卡银行及相关机构保存。而且信用卡号码的丢失也不会导致消费者个人数据的丢失。

关键概念：核心身份

目前，关于核心身份、核心标识符和角色，已有了一系列的重要概念和原则（见图 2.2）。下面我们将在互联网的背景下讨论个人数据和数字身份的相关概念。

我们提出了一个"衍生身份和标识符"[10]基本概念，这一概念不仅为用户（衍生身份和标识符所代表的个人或组织）提供了隐私保护，还能在身份提供商受到攻击（例如身份盗用）的情况下提供一定程度的防御，并在当底层加密执行过程出现问题时（虽然这类情况并不常见）为其提供安全网。

信任与数据

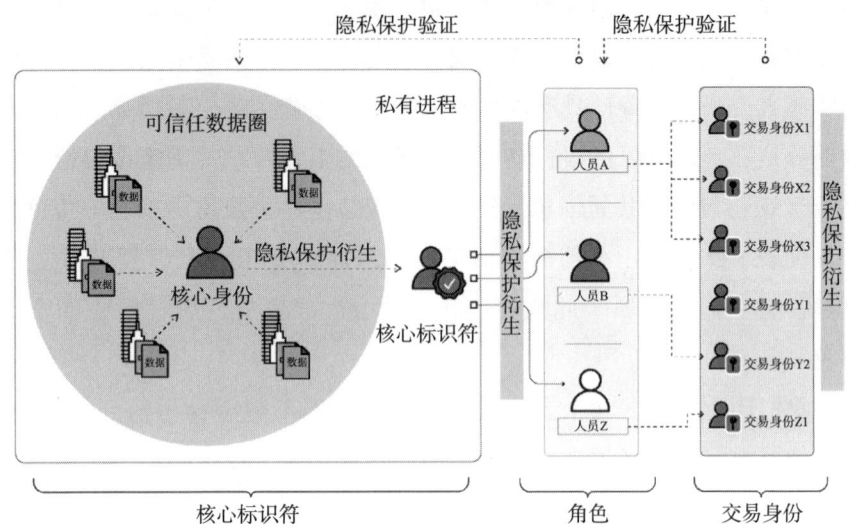

图 2.2　用户的核心身份、角色和交易身份

交易身份和标识符应该是在互联网上使用的身份形式，它们必须从私有或保密的核心身份中衍生出来（例如密码）。一旦交易身份遭到泄露或窃用，则可以把该身份列入公共"黑名单"，并为用户生成一个新的交易身份。生成新的交易身份的过程或算法必须能维护用户隐私和用户核心身份的保密性。

我们把身份①定义为代表事物（例如人类、设备、组织）特征的集合，并且该集合能够识别和区分不同事物。就人的范畴而言，人的特征起着重要作用，因为它从一个群体中识别出一个具体的人，并把这个人视为一个持续存在的实体。

• **核心身份**：基于相关个人数据集（由个人数据所体现）的特征集合能够区分具有唯一特性的个体，同时还可以从该特征集合生成唯一的核心标识符[10,11]。举例来说，可以对与某人相关联的某种交易数据集

_____

① 词源：中古时期的法语"身份"（identité）一词，来自晚期拉丁语"身份"（identitat－）"认同"（identitas），而且很可能来自拉丁语"identidem"，在字面上，与"idem et idem"的缩写词完全一致（韦氏词典）。

进行核对，并将其用于创建与其他人相分区的个人核心身份。通过这组交易数据，可以生成一个人的核心标识符，该标识作为密钥由签发者和个人联合保存。个人的核心身份必须保密，不能用于交易。

- **核心标识符**：这是标识个人或实体的唯一且保密的数据（例如字符串）或保密机制（例如加密函数）。核心标识符不可更改，必须保密，并决不能在交易中直接使用。

- **角色**：角色是根据给定背景（context）或给定关系下的特定属性定义创建的。因此，一个人可以拥有工作、家庭、社会等角色。每一个角色都与这个人的背景相关，并且是只涉及此人核心身份特征的某个子集。一个人可以拥有一个或多个角色。

- **交易身份和标识符**：当某人尝试进行（例如在互联网上、区块链或其他交易介质上）交易时，他或她首先选择一个相关的角色，并从该角色衍生出一个在通信中使用的交易身份（和相应的数字标识符）。交易身份可以是短期的，甚至可以只为单次交易而创建。打一个比方，信用卡号码可以在任何配备了 POS 机的地方使用，而无须用户提供任何附加标识符（如社会保险号码之类的核心身份数据），而且信用卡号码可以在不影响用户核心身份的情况下随时更换。

可信任数据：核心身份的基础

创建核心身份的关键要素是具有已知来源、质量好和准确性高的数据。在现实经济世界中，有各种各样的实体（例如政府机关、社会组织，等等）在生成并处理属于个人的数据[3]。

对于特定的领域或垂直领域来说，上述实体不可避免地成为特定个人信息的权威来源，因为他们处理着关于这个人的信息，这些信息要么是实体必须履行法规的要求，要么是用户在多次重复交易过程中产生的。

信任与数据

在寻求建立个人数据共享生态系统（作为互联网未来数字身份的基础）时，必须要考虑核心身份，以及建立个人数据共享生态系统所依靠的角色数据的作用：

- **核心身份的有用性取决于数据的质量**：反映个人特征的数据的质量，决定了基于该数据所创建的核心身份的质量，因此也决定了核心身份的有用性。

- **共享角色数据可提高信息准确性**：将共享数据视为对象，可以提高对该对象或个人所提供的信息的准确性[6]。由于个人隐私在建立核心身份时至关重要，因此能让人们共享的只应该是经过了适当聚合的数据，而不应是原始数据或者从中可以识别出具体个人的数据。

- **服务于共享角色数据的开放式算法**：共享个人数据时，应当使用开放式算法（OPAL）[8]概念。为实现共享身份数据，在建立核心身份的过程中，需要在数据端（称为数据存储库）执行算法（即查询）。且该算法（即查询或脚本）必须由专家公开发布、研究和审查，以确保其"安全"、不会违反隐私要求，以及满足使用这些算法的其他要求。在执行计算时（例如，在回答查询时），数据存储库必须总是返回"安全答案"，而绝不能返回原始数据。这一概念旨在通过多个响应之间的关联来解决数据隐私问题和个人识别信息（或 PII）去识别的潜在危险。

- **共同创建核心身份**：通过声称某人的个人属性（例如，"他们在我们这里有银行账户"）来构建核心身份的过程是一个共同创造的过程，在这个过程中既创建了核心身份，又创建了从核心身份衍生的后续角色。这其中包含了角色身份和交易身份。当提供的与身份相关的属性或数据是作为交易的一部分时，任何人如果要对这些属性或数据执行计算，就必须事先获得数据所有者明确的授权或默许[8]。

- **核心身份必须是私有的和保密的**：正如个人数据对于个人来说是私有的或保密的一样，从个人数据生成的核心身份对于个人和参与创建该核心身份的少数实体来说，也必须是私有的或保密的[10,11]。

- **核心身份和核心标识符绝不能用于交易**：核心身份是个人特征的

集合，该集合私密性极强，能够将一个人与所有其他人区别开来，所以，核心身份绝不能直接用于交易。而必须从核心身份衍生创建一个或多个角色，这些角色构成了其交易身份[10]。

● **共享聚合数据的信任圈**：提出相关声明（例如，声称某个人拥有活跃的银行账户），并"签署"核心身份的实体或机构，应当在一个被称作"信任圈"①（Circles of Trust，CoT）的法律框架下签署核心身份，且该"信任圈"应当包括此人。

● **法律信任框架**：为共享"聚合个人数据"（Aggregated Personal Data）而建立的信任圈必须以法律信任框架[12,13,14,15]的形式编纂成文，该框架具体规定了信任圈中所涉及的实体、所使用个人数据的类型/种类，以及用于共享个人聚合数据的开放式算法。这样就能够对核心身份的质量和法律地位进行评估。

● **信任圈核心身份的签发人**：每个寻求基于共享聚合数据发布核心身份（和其他下游衍生身份）的信任圈都应建立核心身份签发人服务，其任务是创建和管理该信任圈中的核心身份。

信任圈可用于各种目的，包括用于垂直领域（如银行业、保险业）、政府部门（如国防部雇员）、社会团体群体（如城镇居民）等。决定信用圈的因素主要包括：该信用圈是否拥有足够多的用户/成员数据、该信任圈是否可以提供对用户数据进行隐私保护式访问，以及法律框架是否适合该信任圈。

核心身份签发人

核心身份签发人（CoreID Issuer）的目标是核对来自给定信任圈成

---

① 信任圈的概念起源于 2000 年初的自由联盟联合会。该联盟把信任圈技术开发成今天人们所知的安全声明标记语言（SAML2.0）[16,17]。

员的大量数据——包括聚合数据和非 PII 数据，以便为给定用户创建核心身份和核心标识符（参见图 2.3）。签发人作为信任圈的受信成员，执行此任务，并受到操作规则（即法律合约）的监管，且该任务须征得用户的同意。此处可以使用诸如麻省理工学院 OPAL/ENIGMA 之类的体系结构和技术，以便核心身份签发人从信任圈的各个成员那里获得不包含隐私的聚合数据。

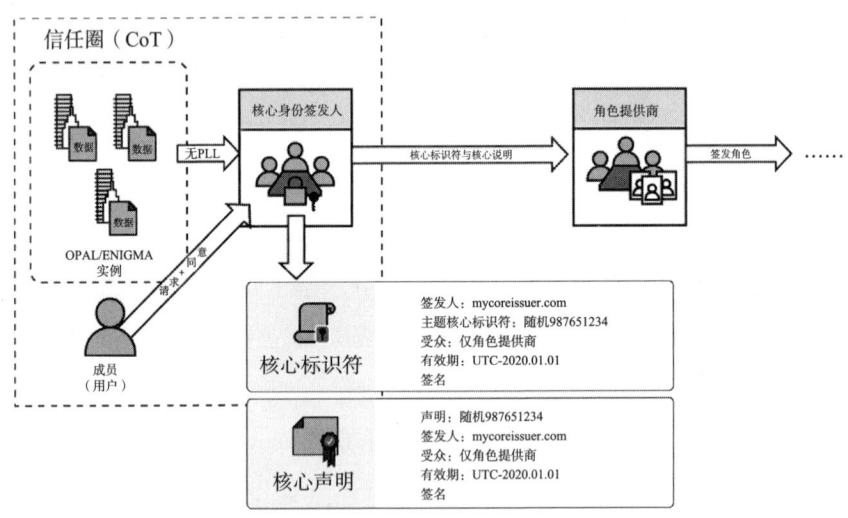

图 2.3   核心身份签发人、核心标识符和核心声明

信任圈内核心身份签发人的目标如下：

● **吸收成员用户**：签发人的主要职能是吸收成员用户，这些成员用户为信任圈社区所知，且已请求并获得创建核心身份的认可。

● **把非 PII 数据整理成核心身份**：签发人从信任圈成员获得用户的聚合数据和其他非 PII 数据。这些数据会成为用户的核心身份，该身份在用户选定的连续时间期限内由签发人保留。签发人必须把核心身份当作机密信息加以保存，且只有用户本人才能访问该信息。

● **生成核心标识符（不可链接）**：对于给定用户及其核心身份，签发人要生成与其核心身份不可链接的核心标识符（例如随机数）。请注意，核心标识符绝对不得在交易中使用。核心标识符的值可以作为签名证书或其他签发的数据结构，角色提供商则是其目标受众。

- **发布与核心标识符相关的核心声明**：签发人生成核心标识符的目的是允许创建与用户相关的非 PII 的核心声明。这些签名的核心声明[16,17]必须保留用户的隐私信息，并发布与核心标识符相关的声明。

- **与角色提供商的对接**：签发人的主要受众是角色提供商，角色提供商必须在法律信任框架下与签发人合作。该法律信任框架对用户隐私进行了严格的要求。签发人必须向角色提供商提供必要的签发端点（即 APIs）以及验证端点。在某些情况下，从操作部署的角度来看，尽管签发人和角色提供商在功能上的差异和界线是清楚的，但二者仍然可以位于甚至紧密耦合于同一个提供商实体之下。

角色提供商与交易身份

角色提供商的主要目标是创建和管理一个或多个角色身份，并服务于给定信任圈成员的终端用户。角色提供商不必成为信任圈成员，但必须依赖核心身份签发人，获得用户相关的签名声明。

角色提供商与当前（传统）身份提供商和公钥基础设施服务提供商的不同之处在于：

- **核心身份签发人的扩展**：角色提供商与互联网上的其他数字实体通过身份相关服务互相配合，将核心身份签发人的作用进行了扩展。依赖方（配对方）和其他实体与角色提供商进行对接，但绝不与核心身份签发人进行对接。

- **代用户创建角色和维护角色**：用户使用自己的核心标识符和核心声明，通过角色提供商创建角色账户（类似于当前的电子邮件账户）。用户无须向角色提供商提交个人信息。角色提供商可以在任何时候通过核心标识符和核心声明验证核心身份签发人的有效性。

- **生成保护隐私的交易身份**：角色提供商的基本功能是生成一个或多个交易身份，该交易身份是从用户的核心标识符（如密码）衍生出来的（参见图2.4）。这些交易身份必须是从用户的核心标识符"可查验地衍生出来"的，且能被证明该过程或算法是保护核心标识符隐私的。诸如"零知识证明"（zero-knowledge proofs，ZKP）[25]协议这样的加密方法为匿名但可验证的交易身份提供了有益的思路（参考[26,27,28,29,30,31,34]）。

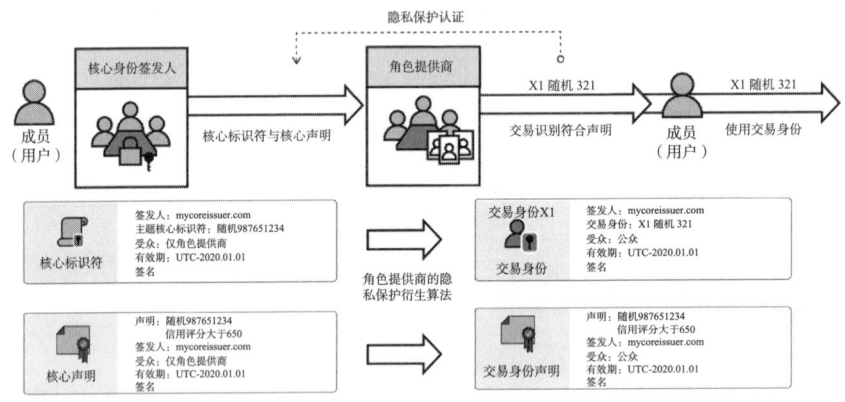

图 2.4   衍生交易身份

- **验证服务**：该服务类似于公钥基础设施空间中的验证服务，角色提供商也提供可供验证的服务端点，依赖方（配对方）可以向该端点查询由角色提供商签发的给定交易身份的状态。

在理想情况下，角色提供商永远看不到与用户相关的任何私有数据，用户对角色提供商是匿名的（或半匿名的）。核心身份签发人（针对角色提供商）的核心标识符和核心声明发布一个或多个角色身份（例如，"工作岗位上的乔""家中的乔""高尔夫俱乐部中的乔"等），角色提供商使用该角色身份，并对每个角色创建一个或多个匿名（或半匿名）但可验证的交易身份。

当用户与配对方（依赖方）进行交易时，用户使用其中一个匿名可验证且具有相关声明的交易身份（见图 2.4）。交易配对方通过自己的角色提供商来验证其收到的交易身份和声明。交易配对方的角色提供商可以选择向原始角色提供商（用户的角色提供商）请求验证。原始角色提供商是为用户维护其角色账户并发布其交易身份和声明的。

　　值得注意的是，图 2.5 所示的交互方式并不是什么新鲜事物，这种方式在信用卡行业中已存在了 30 多年。在图 2.5 的四角模型中，签发银行（角色提供商）创建用户的信用卡号，该用户使用该信用卡号在商家（交易对方）进行购买。商家通过受理的商业银行或支付网关，向用户的角色提供商查询该用户信用卡的状态。

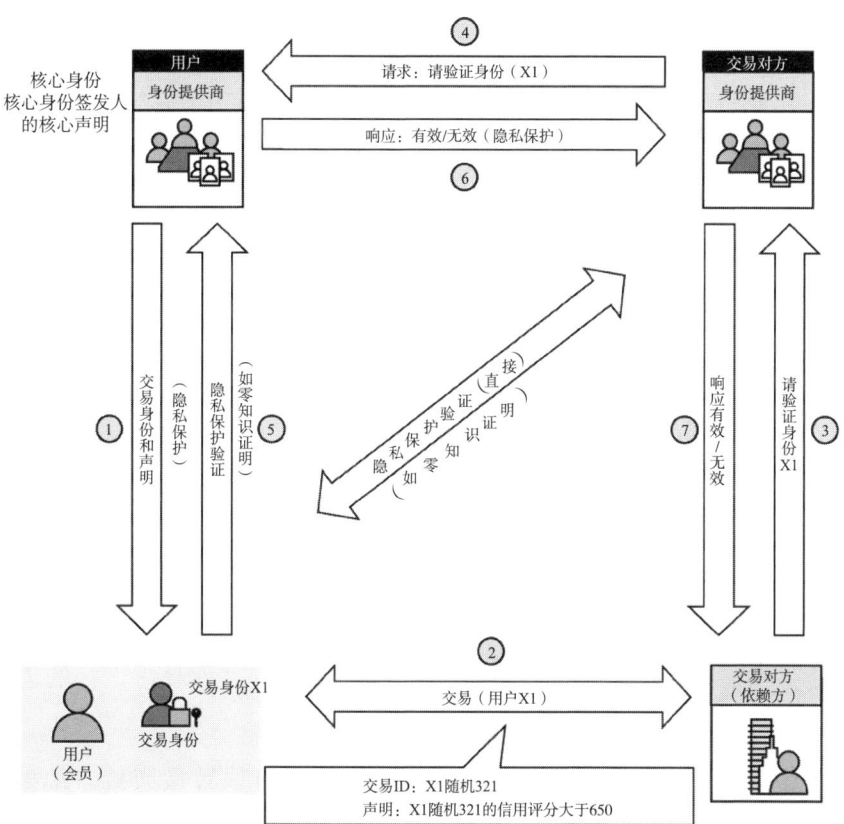

图 2.5　交易身份：四角模型与零知识证明的作用

与传统银行业务的四角模型不同，图 2.6 中的交易流程使用了匿名但可验证的交易身份。另外，从交易配对方的角色提供商角度来看，根据用于该零知识证明精确模型，用户甚至可以是匿名的。在此情况下，身份验证可能需要用户使用零知识证明协议（the zero knowledge proofs protocol）[29,30,31]。

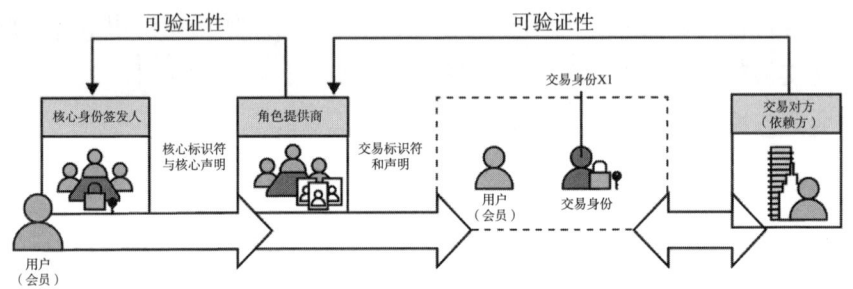

图 2.6　可验证链和隐私保护

隐私和了解客户：可验证链

最近崛起的比特币以及比特币对于自我声明的公共密钥配对的使用，重新激起了人们对良好隐私密码法（PGP）35 等数字身份使用方案的兴趣。其中，自动生成的公共密钥被用作身份识别的手段。然而，这些办法忽视了一个事实：交易要取得成功，交易依赖方（配对方）不仅必须接受交易发起人的身份形式（例如公钥），而且还必须对其真实性和来源进行风险评估。在数字身份中最重要的不是身份的形式（例如电子邮件地址；RSA 公钥；x.509 证书[36,37]），而是声称身份出处的信任来源的可靠性。

比特币和隐私密码法的经验表明，在确定价值转移交易的发起人（发送人）和接受人方面，用户隐私与监管要求之间存在着尖锐的矛盾。监管要求通常被称为"了解你的客户"（Know Your Customer，KYC）。

我们在本章中尝试提出依靠核心身份、角色和交易身份等概念的适当组合的方式来化解上述矛盾，思路如下：（a）由信任圈和用户（称为核心身份）持有高度私密、高度准确的个人数据；（b）由核心身份提供商代表信任圈发布核心声明，然后根据该声明创建角色身份；（c）使用具有可验证匿名标识符形式的交易身份。这些组成部分共同建立了一个可验证链（来源链）。可验证链不仅允许依赖方验证（匿名）交易身份的来源，而且还为数据生态系统中的实体提供了一种满足监管要求的路径。

可验证链或"起源链"是从历史分析领域和艺术领域借用的一个概念。该术语在 20 世纪 90 年代末开始普遍用于计算机技术中的可信任计算[32]，以表示证明硬件和软件组件生产来源的方法或机制，特别是在与安全相关的计算（例如数字签名、加密）中执行关键任务的组件。签名"清单"[33]的概念则是在此背景下，用以构建可信任平台组件的方法。可验证链可以通过一组协议和密码机制来实现，其协议和密码机制允许配对方（依赖方）评估匿名可验证交易身份的来源，同时保护用户的隐私。如图 2.6 所示，根据验证协议，交易对方可以（i）与衍生出交易身份的角色提供商建立约定；（ii）以保护隐私的方式（例如零知识证明交换）直接与（匿名）用户建立约定。

交易身份，无论它是角色提供商签发给用户的，还是从角色提供商留给用户的加密参数中自发衍生（自计算）出来的，对于给定的匿名且可验证交易身份的验证结果都应该是一样的。此外，这些用于既定交易介质（例如互联网、金融环境中的区块链等）的身份形式（例如公钥对、随机数等），应当是用户可选择的，并且应当独立于证明其身份的起源链。

用户有使用匿名的自由，但可验证的交易身份应当被允许部署为不同级别、不同强度的匿名水平，以实现在加密架构下创建匿名身份的功能。反过来，作为交易身份提供商，可以允许角色提供商选择适合其商业模式的加密算法，而模型可能会被要求在不同监管环境下运行。加密算法和架构（例如零知识证明和组成员协议[29,30,31]）是未来身份数据生态系统的重要的组成部分。未来的身份数据生态系统不但能保护用户隐私，而且能满足监管要求。

涉及匿名可验证交易身份时，交易配对方需要评估属性声明是否真正与交易身份是绑定的。我们将此功能称为匿名可验证属性。此功能允许用户向交易配对方发送匿名可验证的交易身份以及一个或多个匿名属性声明。

验证匿名属性声明的过程还必须保护用户的隐私。区块链和智能合约技术要求交易双方身份均出现在可执行的智能合约中，通过使用匿名可验证的交易身份和属性，解决（交易双方的）隐私保护问题。但是，在公共/无许可区块链以及私有/有许可区块链中，隐私问题依旧可能是一个严重的问题。

总结：呼唤采取行动

如果区块链模式可以像 IPv4 那样改变整个世界，那么，就需要在全球范围内开发并部署相应的新一代数字身份识别技术和基础设施[8]。这种身份方案需要首先理解核心身份、角色和交易身份的概念。虽然核心身份绝不能用于交易，但可根据交易的类型/介质（例如互联网、区块链、物联网等），使用多个交易身份衍生出来的多个角色和不同类型的交易身份。

当前，我们可以积极主动探索构建未来数字身份的基础性技术：

• **共享个人数据的开放式算法**：开发开放的和安全的算法/脚本，以便在征得用户同意的情况下共享个人数据。根据开放式算法（OPAL）的设计原则，垂直行业领域可以开始使用该原则建立信任圈，从而创建核心身份、角色和交易身份以实现数据共享。

• **用于数据共享的新的法律信任框架**：由于在信任圈内共享数据是

核心身份的基础，因此必须为数据共享专门设立新的法律信任框架。该框架不仅需要承认 PII 中存在丰富个人数据，而且还必须以隐私保护的方式实现在信任圈内数据共享（与用户相关的）问题。

在这方面，我们认为，许多纵向行业领域（如金融业、银行业、卫生部门等）适合建立这些新的法律框架。反过来，这一过程又会扩大服务范围，并促进如区块链和智能合约等新的交易媒介进入，从而使信任圈成员受益。

- **适合核心身份、角色和交易身份提供商的法律信任框架**：我们可以在当前法律基础上，通过扩展现有的信任框架，为创建并管理着用户与机构核心身份和角色身份的提供商设计和开发新的法律准则[13,14]。除了解决目前在互联网上部署数字身份的语法和有限语义之外，这些新的法律准则还必须体现个人数据、核心身份、可验证链（来源）和用户隐私的概念。

- **标准化的匿名可验证交易身份和属性**：随着专用网络交易系统和区块链系统的不断开发和应用，推动用于匿名可验证交易身份的高级密码系统和架构的标准化进程已经被提上日程。借助使用特定类型的区块链或共享分类账（例如[20]）的行业联盟，可以在开发这些隐私保护的身份（privacy-preserving identities）方面发挥引领作用。

- **为数据生态系统参与者构建新的激励机制**：随着物联网设备的出现以及消费物联网设备（例如家用电器、医疗设备等）生成数据的激增，满足消费者在保护隐私基础上和共享数据的需求和满足企业"购买"到相关数据的需求将成为迫切需要解决的问题。因此，需要制定新的激励模式，把用户/消费者作为数据生态系统的利益相关方纳入其中，激励他们在保护隐私的同时共享更高质量的数据。

第 3 章　OPAL/ENIGMA

伊维斯－亚历山大·德蒙鸠斯伊

托马斯·哈乔诺

阿莱克斯·彭特兰

现在要重新回答围绕数据隐私、数据效用和数据信任的问题。麻省理工学院连接科学实验室提出了一个多阶段、开源的 OPAL/ENIGMA 项目，解决了目前出现的许多问题。其中一个核心问题是很多组织（政府、企业等）掌握着海量的客户数据。他们需要对数据集进行分析和计算的同时保护数据隐私，但同态加密这样的复杂方法难以用于大尺度数据的隐私保护。因此，需要采用 OPAL/ENIGMA1 两阶段解决方案。

第一阶段为 OPAL，代表开放式算法（Open Algorithms），最初由麻省理工学院伊维斯 – 亚历山大·德蒙鸠斯伊和阿莱克斯·彭特兰[2]与 Orange 股份有限公司的德斯克兹共同开发，目前得到了广泛的支持和参与（参阅 http：//opalproject. org）。该系统采用两种简单的技术，在保证系统最小化的基础上，对数据共享进行控制。第一种技术是在现有防火墙后的数据存储部分进行算法评估，而不是把数据分送到其他地方进行处理。只有被公共认可的算法才能用于数据分析。结果是，只有安全的答案才能在数据库外共享。第二种技术是将身份、算法和结果记录在安全的分布式账本（如区块链）上。该技术提供了高度的透明性和可信性。

ENIGMA 系统采用了 OPAL 的思路并增加了加密功能；它最初是由奇斯金、南森和彭特兰在麻省理工学院共同开发的[3]（参见 ENIGMA. media. mit. edu）。在 ENIGMA 系统中，数据全程处于被加密的状态，对数据处理时不需要解密。为了实现这一点，我们将数据集分成加密的若干份，并将其分散到分布式账本（例如区块链）的分布式节点。通过特殊算法对每份数据进行计算，使用"安全多方计算"的方法（secure Multi – Party Computation，sMPC），可得到相应有用且保持加密的数据。此外，分布式节点具有弹性，可有效抵御各种攻击。

OPAL 和 ENIGMA 系统中的算法在批准和执行前经过了透明、全局的评估，因此，可以更加信任其所执行的计算。目前我们正在构建一个五年的技术路线图，从早期实现 OPAL，到通过基于 ENIGMA 机制的密钥共享，完全实现安全的多方计算。

本章将探讨这些功能强大的新系统。

数据，21 世纪最有价值的商品

人们创造了"数据化"（datafication）一词，用以描述数字革命的结果：不断地生成、收集和存储了大量的数字信息，它们包括自然界各个方面，如地球活动、天气、气候和生物圈、人类生活和活动（如 DNA、生命体征、消费和信贷评分）以及社会模式（如通信、经济活动和流动性）。通过人类社会不计其数的数字设备（如手机、平板电脑、电子设备、安保摄像头、信用卡、识别标识和卫星等）自动生成的数据，推动了数据化的世界。然而，这些信息很少实际用于改善人们的生活方式或制定更好的公共政策。

该数据化处理过程产生的信息流主要存储在数据中心，就像一种商品，通常被收集数据的私人公司（电信运营商、社交媒体公司或银行等）合法拥有。这些公司通常会为了自己的商业目的来分析这些具有巨大价值的数据，例如亚马逊或 Facebook。因为这些公司通过投资、创新和构建系统，在这些有价值数据的生成和存储过程中付出了相当的成本，所以它们不会轻易地分享数据。

但大量私人公司并未意识到这些数据的公益价值。例如，公开一些数据可能会有助于经济增长或预防流行病，公司也能从中受益[7,8]。即使他们认识到了公开数据的好处，也会因商业、道德和法律方面的某些原因而选择不公开数据。确实，并非所有数据都应公开。通过社交网络、移动电话、传感器和连接设备所收集的个人信息都非常精准地刻画了人们的生活方式，包括：人们实时或历史的位置、社交圈、私人信息或电子邮件的内容、心率，甚至是人们内心深处的感觉。我们当然不希望这样的信息公之于众。

与此同时，近年来公开和使用数据的案例越来越清晰。首先，"数据公开化运动"阐释了数据公开是如何促进大众创新、公众参与、社会责任心和透明度的。其次，一些主要的电信运营商，包括 Orange、西班牙电信和意大利电信，已在可控实验条件下，开始为研究人员提供部分数据，实施"数据挑战"实验。

这些探索性实验的结果揭示并激发了对"私人"数据日益增长的需求。一些学者，如《经济学人》杂志的"数据和数字"专栏的资深编辑肯尼思·库克耶，甚至认为不使用这些私人数据"在道德上等同于焚烧书籍"。但在数据的私有化和效用化，以及在商业、个人和社会的不同考量之间，仍然存在两难选择。

应访问哪些数据，为了什么以及由谁访问？

最近的两项事态发展使争论变得更加的复杂化。一是发现使数据"匿名化"比以前想象的困难得多，因为人们行为的独特性以及数据集间的相互关联性，可能不得不进行身份的"重新识别"[9]。长期而言，我们必须通过个人身份验证来发布个人数据。

另一项进展来自"Facebook 情绪研究"。社交媒体巨头在部分实验中利用数据并操纵数十万用户的新闻订阅源。这是一项完全合法但却被视为不道德的实验，因为它所提出的"知情同意"（Informed Consent），同时引发了许多争论。

因为"黑箱"技术可能会植入并加深社会偏见和歧视，所以人们对这种算法的担忧已非常显著。同时，使用这些数据来改善人们生活的压力（如对可持续发展目标的支持等）也日益增长，这就需要社会以尊重个人和群体的隐私，商业利益以及现行法律标准的方式，来更好地控制和使用这些数据。

OPAL 和 ENIGMA 需要什么?

技术和制度创新开创了数据生产、传播和分析的新世界。通过实验、创新和相应适应性的改变,数据收集和访问的方式(例如使用移动电话)变得更新颖、更直接、更详细,数据无论是出自传统还是新的来源,其规模都在迅速扩大。对数据需求的增加已涵盖更多的利益相关方(如政府、私营公司、学术界、民间社会等)。同时人们对如何利用数据来加强决策和改变生活的期望不断增加,特别是在数据用于发展和政策制定时。

从历史上看,数据和"发展生态系统"(development ecosystem)由两类参与者组成:数据提供者和数据消费者。然而,随着私营和公共部门中,担当双重角色的利益相关方的出现,这种范式正发生转变,同时两个部门之间的信任也需要加强。分享和使用诸多新数据源的伦理框架和原则尚未建立。因此,建立安全和可扩展的基础设施和机制,不仅有助于增进全球数据生态系统参与者之间的协作,还有助于建立更加合乎伦理和公平原则的实践与标准。

尽管许多学术研究已经证明私营公司收集的数据具有很高的社会价值,但目前为止,访问这些数据仍然受到伦理、政治、法律、商业等因素的诸多限制,OPAL 和 ENIGMA 项目正是为此而诞生的。诸如 Orange 公司的 D4D 挑战、西班牙电信公司或者意大利电信运营商的"Hacka-thons"等各种举措,只能让研究人员处理数量极为有限的移动电话数据;在其他情况下,学术研究人员已经能够依据特定协议访问更加细颗粒化的数据,但能否签订这样的协议在很大程度上取决于私人关系。这些条款不允许广泛的利益相关方进行扩展、系统化和广泛的承诺,因为他们必须负责任地使用数据或必须充分利用这些数据的社会价值潜力。

信任与数据

为了解决数据隐私问题，我们正在试图改变图 3.1 这种模式。

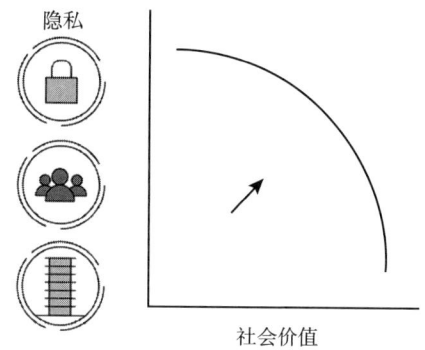

图 3.1　数据隐私与其社会价值的关系

OPAL：数据公益化使用的第一阶段

为了解决复杂的数据访问问题，Orange、麻省理工学院连接科学实验室、大众数据联盟、伦敦帝国学院和世界经济论坛（由法国开发署和世界银行提供支持）正在开发一个平台，让私营公司所拥有的"大数据"以保护公民隐私的，商业上合理的、稳定的，可扩展且可持续的方式服务于公益事业。

在初始阶段，开放算法（OPAL）项目将着重部署于少数几个拉丁美洲、非洲和亚洲的国家，并得到来自 PARIS21（Partnership in Statistics for Development in the 21st Century）、微软和德勤等多个合作伙伴的广泛技术支持。

OPAL 的核心由一个开放的技术平台和若干开放式算法组成。该系统通过在合作公司防火墙后的安全服务器上直接运行，服务于提取包括国家统计部门、政府机构、社会民间团体、媒体组织等在内的广大相关用户的关键发展指标。例如，利用高频和细空间颗粒度的数据所生成的潜在指标和地图已成为现实，这些数据涵盖了贫困、识字、人口密度、社会凝聚力等方面的信息。大量的相关文献表明，利用"大数据"分析可清晰地揭示这些问题。

　　OPAL 平台从移动电信数据开始，将于 2017 年年中在四个国家试运营，并预计在 2020 年进行全球部署。OPAL 项目通过数据和开发生态系统中各参与方之间的合作，合力面对长期挑战，让数据对社会进步产生积极正面的影响。最终目的是促进公私数据的共享，以数据为基础，支撑长期政策的制定和短期决策。这项工作也会对"数据革命"的可持续发展目标起到协同支持作用。

　　OPAL 的核心是由一个开放的技术平台和若干开放式算法组成（见图 3.2）。该系统通过在合作公司防火墙后的安全服务器上直接运行，服务于提取广大相关用户的关键发展指标和操作数据。OPAL 是一种通用的解决方案，当前建议在移动电信部门开发并应用。作为利用私营公司"大数据"大力服务于公共利益的"平台"，法国开发署（AFD）和世界银行正在通过以下三个关键目标支持 OPAL 项目：

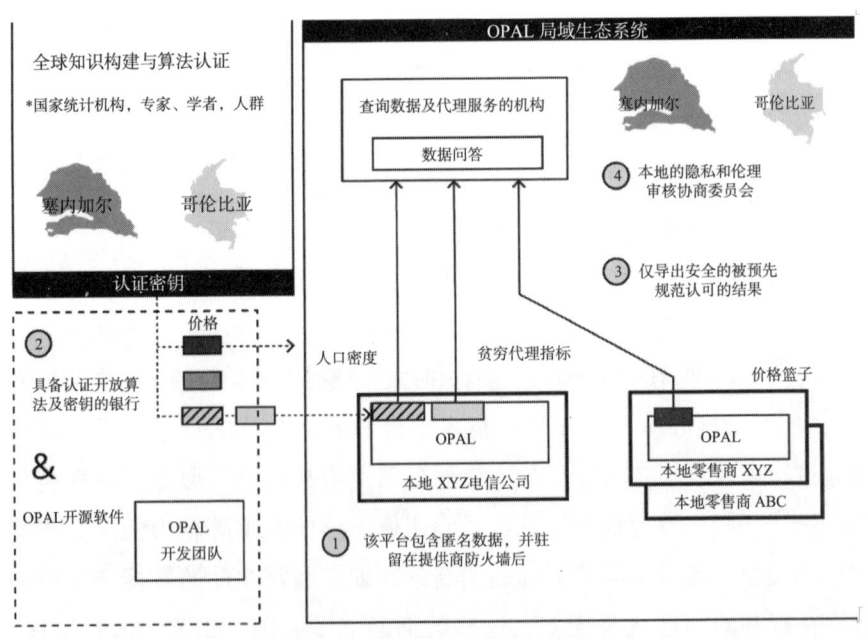

图 3.2　OPAL 平台和生态系统

- 允许数据提供者、用户和分析人员参与开发的所有环节，包括在算法开发过程中。

- 协助增强地方实力、建立联系，并协助其构建未来技术、政治、伦理和法律的框架，指导地方收集、控制和使用"大数据"，促进社会进步。

- 通过"将代码推送至数据"的方式，OPAL 促进所有参与方（包括公民、官方统计系统和私营公司）之间取得更大的信任，加强多方对话和数据开发服务，共同迎接这些挑战。

- 在用户和合作者中建立"数据素养"（data literacy），不仅是指"使用数据的能力"，而且是指在更广泛和深刻的意义上"通过使用数据建设性地参与数据社会活动的能力"。在 21 世纪，具备"数据素养"既是人的一种基本能力，也是一种实用的专业技能，同时也是社会机构的能力催化剂和标志器。

大众数据教育就像 20 世纪的"大众教育"一样，对经济发展和民主至关重要。在各机构和团体之间，建立这种数据教育需要大规模的长期举措和投资，但目前尚未实现。

最初，数据素养的建设工作将根据国家统计部门的需要进行调整，以满足其获取非传统数据源的需要。该群体应由有影响力、数据素养强、能为项目扩展到其他应用领域奠定基础且能够提出更好解决方案的参与者组成。他们与政府部门保持联系，以使数据推动发展中国家的变革；这些国家迫切需要新的数据衡量标准、更有效的测度和跟踪指标的方法以及最大限度的建设支持。

OPAL 平台上的许多参与方都能创造价值。平台通用机制的建立应包括数据提供方、算法提供者和可持续的数据服务网络。OPAL 数据的商用案例将越来越多，例如，在哪里设立新的银行机构；本周游客集中在哪里旅游；如何针对高密度人群开展媒体宣传等等。这是增强数据生态系统活力的机遇。

谁参与 OPAL 的部署？

目前，该项目由少数几个关键人物主导，代表关键机构（称为执行委员会），并由海外发展研究所（ODI）负责管理。这些关键人物包括：

尼古拉斯·德·考德斯，来自 Orange 公司，与兹比格涅夫·斯莫雷达、斯特凡尼亚·红里奇、塞扎里·齐姆利奇合作。

伊维斯-亚历山大·德蒙鸠斯伊博士，来自伦敦帝国学院，在麻省理工学院工作，与布莱恩·斯韦特合作。

威廉·霍夫曼，来自世界经济论坛（美国）；伊曼纽尔·莱图泽，来自"大数据民众联盟"（Data–Pop Alliance），与娜塔莉·苏泊合作。

阿莱克斯·彭特兰教授，来自麻省理工学院。

以下人士为项目提供指导意见：克莱尔·梅拉米德，海外发展研究所；约翰尼斯·居廷，21 世纪统计促进发展伙伴关系；杰西卡·埃斯佩，可持续发展解决方案网络；萨布里纳·居然，联合国人口基金；马克·利维，美国哥伦比亚大学国际地球科学信息网络中心；里克·列文，微软；皮埃尔·高泰尔，电信管理论坛。

ENIGMA：去中心化的加密数据生态系统

如何开发一种安全的、能确保数据所有权和隐私权的可信数据共享机制呢？OPAL 项目通过最大限度地减少数据暴露并提供数据的公共透明度和可信性，实现了第一步的隐私安全服务。但是只要数据没有加密，就能被（且正在持续地）攻击和盗用。这就是我们为什么要创建ENIGMA3 系统的原因。ENIGMA 系统是一个去中心化的计算平台，能使各方联合存储和计算数据，同时维持数据的完全私密性。该技术通过分布式账本（区块链）协议实现数据共享，打消了安全方面的顾虑。

从用户角度来看，ENIGMA 是一种云技术，可确保数据的隐私性和完整性。该系统允许把任何类型的计算外包给云服务，同时保证底层数据的私密性和计算结果的正确性。

ENIGMA 系统的一个核心功能是，允许数据所有者确定和控制数据的查询方，从而确保只有经过授权的用户才能得知输出的结果。而且，该结果数据在此过程中不会泄露给任何其他的参与方。

ENIGMA 云系统本身是由存储和执行查询的计算机网络组成。通过使用"安全多方计算"（secure multi-party computation）[10,11,12]，每台计算机只能看到随机的数据片段，以防数据信息泄露。此外，查询者还须向计算资源和数据的所有者支付一笔小额费用，这为数据市场的发展奠定了基础。

以下示例说明了平台的工作原理：一家保险公司的数据分析团队希望测试一个基于移动电话数据的模型。不必让保险公司的数据分析师直接查看用户的原始数据，而是将这些数据安全地存储于 ENIGMA 系统中。数据分析师按许可证执行其研究任务。这样一来，数据分析师仅限于执行其研究代码并获取相应的结果。在该过程中，用户因其数据被使用而获取一定的经济收入；网络中的计算资源同时也获得了相应的费用支付。

ENIGMA 设计概述

ENIGMA 中定义了三种类型的独立实体，每个实体可以扮演多个角色（参见图 3.3）。数据所有者：将数据共享到系统中，并控制什么人可以查询该数据；数据查询服务：当得到授权，可查询数据，但无法获得除查询结果以外的任何其他内容；计算方：提供计算资源和存储资源的节点，但其只能看到加密的信息或者零散的随机信息。如下所述，所有实体都与区块链相连接。

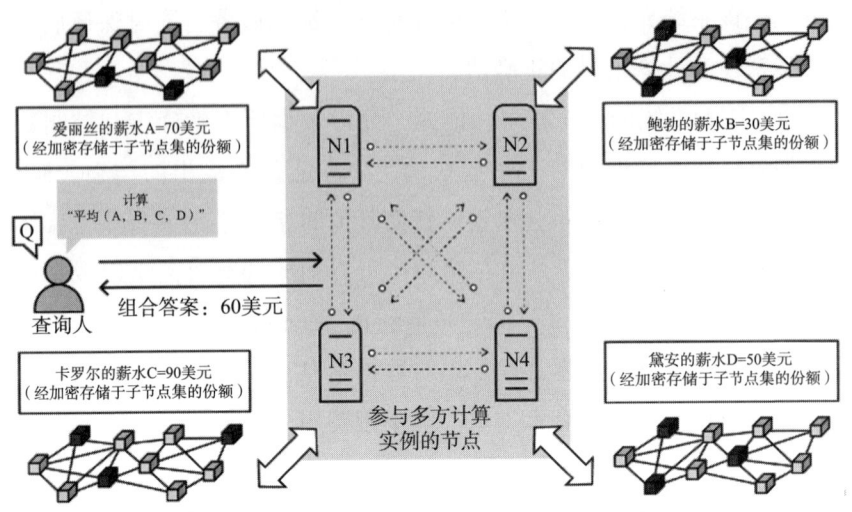

爱丽丝的薪水A=70美元
（经加密存储于子节点集的份额）

鲍勃的薪水B=30美元
（经加密存储于子节点集的份额）

计算
"平均（A，B，C，D）"

Q

查询人

组合答案：60美元

N1　　N2

N3　　N4

参与多方计算
实例的节点

卡罗尔的薪水C=90美元
（经加密存储于子节点集的份额）

黛安的薪水D=50美元
（经加密存储于子节点集的份额）

图 3.3　ENIGMA 去中心化平台概述

　　数据所有者与他人分享数据时，数据被分割成几个随机的"份额"片段。这些份额以一种密钥共享的方式创建，完美地隐藏于数据底层，同时保留了一些必要的公开属性，以便数据日后以一种隐蔽的形式供人查询。由于 ENIGMA 中的所有用户都是其自身数据的所有者，为此我们需要建立一个可信任的数据库，以公开存储哪些用户拥有哪些数据的证据。但是，与其将数据所有及相关数据委托给一个"中心化的数据库"，不如委托给使用区块链技术构建的、不受任何一方唯一支配的、"去中心化的安全数据库"。

　　我们的解决方案基于奇斯金等[3]的研究成果。该方案允许数据的所有者指定哪些服务机构，在什么条件下可以访问他们的数据。这样，当一个数据查询方发出计算请求时，所有的计算节点将查询区块链，以确保数据查询请求具有相应的许可。需要注意的是，只有当数据请求服务是一种被授权的服务时，为该请求提供相应计算服务的资源节点才能得到相应的报酬；同时由于未经授权的服务会受到处罚，因此，他们不具有为任何未获得授权的实体提供服务的动机。

区块链技术除了是一种安全的分布式公共数据库之外，还能便于查询服务请求方向查询计算方和数据所有者支付相关报酬，同时验证执行权限和查询结果的正确性。结果验证允许采用更有效的多方计算协议，因为在分布式计算中验证结果是否成功的过程常常是协议执行过程中最昂贵的部分。在我们的系统中，这些验证部分被委托给了区块链，同时在计算完成并且结果被提供给查询请求者之后进行处理。下面我们要更详细地描述区块链技术的内部特性，解释它如何实现价值传递的机制，以及如何在一个分布式的、以不可篡改的方式存储信息，以确保数据的完整性。

分布式账本技术

一个分布式账本（如区块链）是由计算机网络记录、按时间顺序排列、通过一种网络计算公开交易的数据库，由更小分割的数据集，即"区块"组成。每个区块都包含一些特定交易的信息，并指向前一个区块的链接索引，同时也包含类似一道复杂数学解题的答案，证明运用区块"共识节点"（the consensus node，其专指在网络系统中构建该区块的一组计算机），已经被赋予足够的工作（或其他适宜的特性）来构建该区块。

整个区块链的定义副本都存储在网络中的每台计算机上，新的区块定义通过网络进行传播复制。区块链网络中的每台计算机只有独立验证每个新加入的区块及其所包含的交易信息正确后，才会将该区块添加到该计算机的本地区块链副本中。此过程确保所有计算机最终存储相同的交易数据库。对交易进行验证，目的是确保交易的合法性，保证未使用根本不存在的资金或重复使用以前交易的资金。

交易验证过程还意味着只有合法交易才会被记录到区块链中，并且就哪些是有效的交易已达成全网共识。网络内达成的共识是通过不同的投票机制实现的。最常见的是工作证明机制，其取决于网络的整体处理能力。

当某一区块添加到区块链后，该区块将无法删除，并且网络上的每个节点都可以访问和验证该区块所包含的交易信息。该区块变成永久记录，能被网络上所有计算机用来协调或验证交易活动与事件。区块链利用解答复杂的数学运算，使计算机网络中传播的交易信息变得更加透明并更具可验证性，当然，解答这些复杂的数学运算需要非常强大的网络运算能力。这会使潜在攻击者难以使用虚假信息破坏共享数据库，除非攻击者拥有全网络的大部分运算能力。因此，区块链协议确保区块链上的交易是有效的，并一次性地记录到共享数据库中，从而使人们能够以去中心化的方式协调每笔交易，无须依赖一个中央的权威机构来验证和维护所有交易。

现在，区块链可以在交易中存储任意数据（但对其大小有严格限制），并且对保证交易有效的条件进行编程（有时也称"智能合约"）。该编程能力是系统关键所在，它允许 ENIGMA 执行更强的交易条件（例如记录交易数据的所有者和权限），并且仅需验证并返回那些已成功完成的服务请求所需支付的费用。

从 OPAL 到 ENIGMA

OPAL 和 ENIGMA 的目标是提供基于隐私保护的、多数据库模式链接的数据共享（这些数据属于个人或者组织）。这两种技术方案代表了 OPAL/ENIGMA 过程的两端，各自适合于不同的应用场景。图 3.4 总结该过程的三个发展阶段。

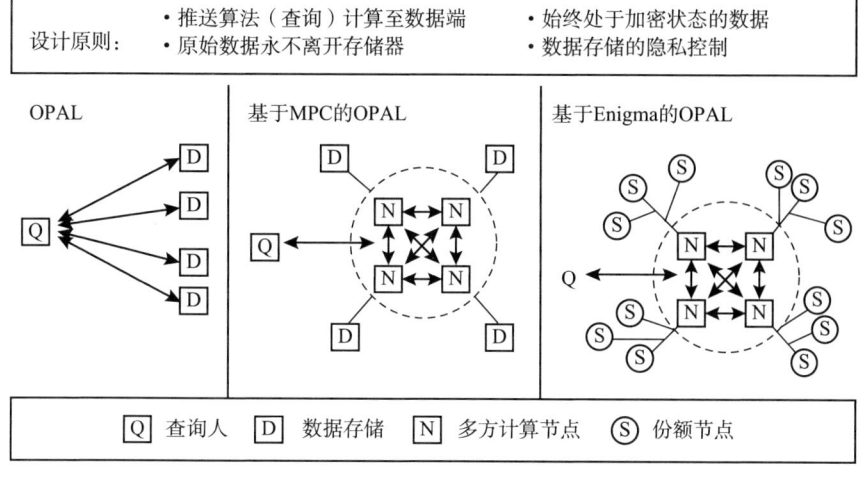

图 3.4　OPAL/ENIGMA 的三个阶段

第一阶段：OPAL

OPAL 将查询"算法"推送至数据库存储端，原始数据在防火墙后参与所有查询计算。原始数据并不导出，每个数据库都能根据请求选择如何回应，并只返回安全答案。此外，每个数据库都可通过引入人工智能和机器学习算法的附加机制，增强隐私保护。运用这样的增强机制和工具，允许数据库检测来自同一查询器的多个查询请求服务是否会导致 PII 信息受损。聚合来自多个数据库的响应是查询者自身的职责，单一的数据库可能并不清楚查询者是否正在使用其他的数据库。因此，在纯粹的 OPAL 方案中，没有集体计算（collective-computation）的概念。

第二阶段：使用多方计算的 OPAL

使用"多方计算"（MPC）可实现集体查询，产生一些聚合的统计结果，但并不暴露原始数据。每个数据库中维护自己的明文原始数据（如在纯 OPAL 中），并可以使用数据丢失防护（DLP）机制来抵御攻击。通过转向"多方计算"的 OPAL 机制，数据库可提升组内兼容的"多方计算"加密计算能力，来实现数据的交互操作。不过，使用该"多方计算"机制后，系统的计算能力和信息通信流量可能会显著增加。使用"多方计算"机制的一个好处是，参与"多方计算"的每个数据库能够知道其他哪些数据库也参与了计算，并且能够保证计算中的所有数据库看到相同的最终计算结果。这是以查询者为中心的纯 OPAL 机制所无法实现的。

第三阶段：使用带有 ENIGMA 的 OPAL

ENIGMA 是在"多方计算"机制的基础上，进一步使用了"线性密钥共享方案"[3]（Linear Secrets Sharing Scheme，LSSS）来加密数据库中所存储的每项数据记录，使"多方计算"中的集体计算法（collective-computation）可以在加密数据份额上得以执行，从而进一步扩展了多方计算的概念。例如，"线性密钥共享方案"可以将数据项加密成 M 个份额，需要其中任意 N 个份额的阈值来重建原来的数据项。把数据项加密为多个份额的直接益处是，数据不再需要集中式存储，而可以被分散到多个物理位置。如果攻击者想要破坏数据，至少需要同时攻击 N 个位置，这比破坏一个中央式数据库要困难得多。

从 OPAL 到 ENIGMA/OPAL，需要添加新的基础设施，来管理多方计算和信息通信，以及与每个数据项相关的份额。这势必会增加设备成本。因此，OPAL/ENIGMA 机制虽然以增加基础设施技术的复杂性为代价，但提供了更高的系统安全性。

第 4 章　重塑社会契约：数据新政

丹尼尔·达扎·格林伍德

阿尔卡迪乌什·斯托齐安斯基

布莱恩·斯韦特

托马斯·哈乔诺

阿莱克斯·彭特兰

社会机构正在通过更新管理其内部组织的业务、法律和技术方面的运营框架系统，期许利用大数据建立美好社会，并降低针对个体的潜在风险。本章概述了如何在数据新政框架内建立这样一个社会，并且介绍了未来的研究和发展方向。

我们认为，传统控制作为公司治理、管理监督、合规性审查和企业架构的一部分需不断改进、发展，以匹配大数据的运营框架。这些控制措施必须支持用户拥有对个人数据的较强控制力，实现机构之间的数据共享。控制措施的核心功能应包括基于响应式规则的系统治理和用于分布式权限管理的细粒度授权。

数据新政

我们留下的个体分散数据（形象地可被称作"数字面包屑"）提供了一系列行为线索。根据这些线索，可以追溯到我们是谁、从事什么职业、想要什么。这无论对于公共利益部门还是私营公司，都具有巨大价值。从个人数据中可观察到大量的行为交互细节，这种能力是非常巨大的。其既可用于善意的目的，也可用于罪恶的用途。因此，保护个人隐私和个人自由对未来社会的成功至关重要。我们需要更多的数据共享服务于公众利益，同时充分地保护个人隐私。

成功的数据驱动型社会必须能够保障数据不被滥用，尤其是政府不滥用权力访问这些细粒度数据。现今，数据滥用的现象非常普遍：从根据个人购物历史，征收更高的保险费[11]到通过限制用户选择、把用户封闭在信息泡沫中为整个社会制造问题[12]。为解决这些问题，我们需要建立"数据新政"（the New Deal on Data）机制，有效保障更便利地获得服务于公益事业所需的数据的同时，保护公民的个人隐私[13]。

数据新政背后的关键思想是数据在共享时价值更高。聚合数据（平均数据、跨人群组合数据以及抽象到更高聚合尺度的特征数据）可用于为公共卫生、交通和政府等系统的改进提供信息。例如，我们已经证明，有关人的行为方式和流动方向的数据可以用来最大限度地减少疾病的传播[14]。研究还表明了如何使用"数字面包屑"来跟踪个体层面人与人之间的流感传播。这有效维护了公共利益：如果我们能"看"到它，就能阻止它。同样，共享的聚合数据可以揭示生产力的流动模式，这有助于应对人们所担心的全球变暖问题[15]。反过来，这也有助于我们构建一个更有生产效率、更节能的城市。然而，要取得这些成果并创造一个更环保的世界，必须能够观察到人们的行为移动模式。这取决于有多少人愿意以匿名和聚合数据的方式提供个人数据。另外，大数据转型提供了分析和理解社会需求及达成共识性解决方案的各种工具，利用这些工具可以帮助社会找到有效的治理手段。但这就不仅仅是创建更多通信平台那么简单了。单纯地假设更多用户交互可以产生更好的决策的想法可能是非常具有误导性的。

最近几年，尽管社交网络在组织社会活动方面发挥了重要的作用[16]。但是，我们尚未就流行病、气候变化、污染这样的严重问题达成共识，而大数据有助于该目标的实现。然而，实现个人数据和经验的共享需要安全的技术和监管支撑，以便于个人与他人、公司及政府安全地共享个人信息。因此，数据新政的核心是提供监管标准和金融刺激措施，鼓励数据所有者共享信息，服务于公众和社会的整体利益。为此，我们需要加强个人间的思想交流，而不仅仅局限于在政府或企业内部交流。

不幸的是，如今大多数个人数据仅掌握在私营公司手中，外界基本上很难获取这些数据。私人机构收集了绝大多数个人数据，主要涉及个人的行为模式、金融交易、电话和互联网通信等数据。这些数据不应被私营公司独揽，因为私营公司不大可能自愿地贡献数据为公共利益服务。但同时私人机构必应是数据新政的核心参与者。同样，这些数据也不应被政府所独揽。有权分享数据并做出数据使用决策的应当是数据所有者自己，即用户、参与者和公民。我们需要运用专家和大众的智慧共同推动社会进步。

个人数据：一种新出现的资产类别

正如保障所有权是提升土地和商品市场流动性的第一步，如此才能使人们放心地进行交易和买卖。同样地，界定所有权是创造更多想法和创意流的第一步。唯一可行的政治途径是赋予公民及其个人数据拥有相关的关键权利。自 1995 年以来这种权利一直是欧盟《隐私条例》的基础[17]。个人数据是个人的宝贵资产，企业和政府可利用其为社会提供更优质的服务。

我们可以从英国普通法有关私有权、使用权和处置权等概念中定义数据所有权的含义：

• 你有权拥有关于你的数据。无论什么实体收集数据，它都属于你，你可以随时访问它。数据收集者的角色类似于银行，代表他们的"客户"管理数据。

• 你有权完全控制数据的使用。使用条款必须是可选择的，并用简明语言清楚地解释。

• 如果你对公司使用你的数据的方式不满意，你可以删除数据，就像你在未能提供满意服务的银行注销账户一样。

• 你有权处置或发布你的数据。你可以选择销毁数据或将其重新发布到别处。

个人数据的所有权必须与公司和政府的需求相平衡，以便于其使用这些数据（如账户活动、账单信息等）维护日常工作。因此，数据新政赋予个人拥有、控制和处置自己数据的权利，包括个人的相关附带数据，例如位置和类似的场景信息。当然，数据所有权与现代法律明文规定的所有权并不完全相同。从实际效果上看，数据所有权争端的解决方式往往比一般标的物所有权（例如土地所有权）争端的解决方式更简单。

2007 年，美联社的一位作者首次在世界经济论坛（WEF）提出了"数据新政"一词。从那时起，这一概念经过了广泛的反复讨论，最后成形，帮助美国制定了 2012 年《消费者数据权利法案》以及欧盟个人数据权利的相关声明。

世界经济论坛认同欧洲消费者保护专员梅格莱娜·库内娃（Meglena Kuneva）将个人数据定义为 21 世纪的"新石油"或新资源的思想[19]。当今经济中的"个人数据部门"正处于起步阶段，其状况类似于 19 世纪 90 年代末的石油工业。当时，政府（建设国有高速公路）、私营企业（开采提炼石油和制造汽车）和公民（这些服务的用户基础）之间的合作取得了丰硕成果，发达国家通过开辟与汽车和石油工业相关的新市场有效地扩大了经济规模。

如果要让个人数据像"新石油"那样发挥其全球经济潜力，那么在建立个人数据生态系统时，所有利益相关者需有效合作。然而，在隐私、财产、全球治理、人权等方面仍存在诸多不确定性，主要是关于谁应该从个人数据产品和服务中受益[20]。

在应用个人数据的过程中，受技术变革和商业化进程加速的影响，终端用户的信心和信任正在被削弱。当前的个人数据生态系统支离破碎、效率低下。在注册终端用户时，服务提供商收集用户信息的权力太大。他们"孤岛"式的个人数据存储库模式使个人数据生态系统碎片化，而且存储的数据质量参差不齐。有些是包括数据所有人身份未经验证的劣质数据，而另一些可能是经过与其他数据点相关联验证后的终端用户的高质量数据。对许多人来说，当前数据生态系统的风险和责任超出了经济回报。除了缺乏管理个人数据的基础设施和工具之外，许多终端用户根本看不到完全参与其中的有益之处。要么个人隐私问题并没有得到充分解决，要么在大多数情况下根本就被忽略。当前的经济和法律框架不够完善，尚不能有效支撑数字经济的健康发展。

最近，我们看到了挑战，但同时也看到了开放私人大数据的可行性。在"数据服务于发展挑战"（Data for Development Challenge，D4D）（http：//www.d4d.orange.com）中，电信运营商 Orange 公司开放了对来自象牙海岸的大量呼叫记录数据集的访问。研究小组利用这些数据为象牙海岸提出了改变生活行为模式的深刻见解，这是挑战的一部分。

例如，一个研究小组建立了一个模型，研究疾病传播，证明了以社会群体成员之间一对一电话交谈为基础的信息分析模拟可能是一种应对疾病传播的有效策略[21]。但是，发布数据要十分谨慎。正如在"百万美元大奖（Netflix Prize）隐私灾难"[22]和其他类似的隐私泄露事件中所看到的那样[23]，真正的匿名化是极难实现的。伊维斯－亚历山大·德蒙鸠斯伊等人最近的研究表明[24,25]，即使人类作为一个整体是高度可预测的，但其中的每一个人仍然是独一无二的。

一般只需获取一个数据集中的几个数据点，就足以唯一标识出某个人，从而确定其真实身份。在公布、分析 D4D 数据时，生成数据的个人隐私不仅需通过技术手段得以保护（例如删除个人身份信息，即 PII），而且应受到法律的保护，研究人员需签署协议，规定他们不会将数据用于重新识别（re-identification）或其他恶意目的。通过开放企业的孤岛式静态数据集（在某个时间点收集并保持不变）很重要，但也仅是第一步。当数据能够实时的被获取，成为社会神经系统的一部分时，可以完成更多事情，如实时监控和预防流行病[26]，帮助表现不佳的学生，有健康风险的人得到病前警示[27]。

世界经济论坛的报告[28]提出了未来的发展方向，确定了需要专注的现实领域：

● **关键利益相关方的协调**：公民、私营企业和公共部门需要相互支持。美国网络空间可信任身份国家战略[29]虽然还处于起步阶段，但为全球合作指明了前进方向。

● **"数据为财富"**：需用一种新的思维方式看待个人数据，视之如同货币财富。这些个人数据将被记录在个人"账户"（如同银行账户）中，被控制、管理、交换和记账，正如银行为储户提供的服务一样。

● **以终端用户为中心**：数据生态系统中的所有构成实体都应认识到，终端用户是核心而独立的利益相关者，共同创造与交流服务和相关经验。"用户管理访问"（User Managed Access，UMA）计划[30]提供了以用户为中心并由用户管理的系统设计示例。

实施数据新政

我们如何实施数据新政？法律虽然具有相当强的震慑力，但不足以解决所有问题；数据滥用行为如果未被侦测，就无从起诉滥用数据的人。在没有诉讼或相应的公共法规、条例规范的情况下，也能够实施有效的数据新政。在许多领域，公司和政府依靠管理商业、法律和技术（BLT）实践的规则实施有效的自我组织与运行。这一综合性制度控制机制为大数据、隐私和数据访问提供了可靠的运行框架。

当前的一个最佳措施是建立了一个被称为"可信任网络"（Trust Network）的数据共享系统。该系统融合了网络计算机以及定义和管理相关预期数据服务的法律规则。对于个人数据，基于技术和法律规则所组成的网络将记录每条数据的用户权限，并作为法律合约，定义违约发生时将会出现何种情形。例如，在可信任网络中，所有个人数据都被贴上标签，标明数据的来源以及数据的用途和相应的限制。这些标签与所有参与者之间的法律合约中的条款完全对应，规定了违背条约的处罚。这些规则能够审查相关系统和数据使用情况，证明了传统的内部控制方法可以在向更新颖的可信任模型过渡中发挥较为重要的作用。

精心设计的可信任网络，高效集成了计算机和法律规则，能够自动审查数据的使用情况且允许个人更改权限和提取数据。创建和运行可信任网络机制是为应用程序、服务提供商、数据和用户本身创建系统规则。该系统规则有如使用信用卡时的"操作规则"，身份联盟背景下的"可信任框架"，或供应链环境中的"贸易伙伴协议"。若干多方共享的架构和契约规则为可扩展网络中的所有参与者制定了具有约束力的义务和可执行的行为预期。另外，系统规则的设计允许参与者广泛分布于各类不同企业的所有权边界、法律治理结构和技术安全领域。当然，为了连接到可信任网络，参与各方不必在基本角色、关系和活动等方面保持完全一致。

跨领域可信任系统（Cross-Domain Trusted Systems）本质上只需规范少数几项可共同执行的规则，即可实现网络运行的目标。例如，提供信用卡和自动清算网络服务的机构在条例规定、商业惯例、经济条件和社会期望等方面各不相同。系统规则将重点聚焦于可影响交互操作性、对等性、风险和收入分配的几个方面，制定出共同同意的少数几项原则。

行为必须为基本规则所规范，是实现信任的基础条件之一，也是防范违法行为的动力。Visa 信用卡操作规则（Visa Operating Rules）是该做法的一个典型案例。其操作规则涵盖了一个庞大的全球实时网络，定义了网络中的各方，包括商家、银行、交易处理员、个人卡或企业卡的持卡人或者其他关键角色，同意接受规则的管辖。

这些规则使银行间转账系统成为世界上最安全的系统之一，也成为每日数万亿美元交易的支柱。但直到目前，这些系统还只是为"大人物"准备的[31]。为了给个人提供一种同样安全的个人数据管理方法，麻省理工学院人类动力实验室与数据驱动设计研究所（由约翰·克利平格和本书的作者之一阿莱克斯·彭特兰共同创建）合作，建立了一个开放式个人数据存储系统（open Personal Data Store，openPDS）[32]。该个人数据存储系统是可信任的个人云网络系统的消费者版本，目前正在接受各行业和政府合作伙伴的测试，目的是实现个人数据的共享如银行货币转账系统一样安全和可靠。

在处理通过网络访问的数据时（无论是大数据、个人数据还是其他数据），机构的传统数据存储器作用越来越小。制度化的机构实体（如企业、政府或宗教组织）受其制度规则制约。为了了解存在什么样的访问、机密性和其他预期行为，有必要对围绕大数据的所有商业、法律和技术的真实情况进行概要阐述。一家机构的大数据的相关运行和服务背景可能与另一家显著不同。随着越来越多的机构使用和依赖大数据，任何单一的制度控制规则都不能适用于日益多样化的商业、法律和技术环境。

运用适当的方法构建可信任网络的能力取决于各方能否清晰地理解

和认同构建系统的目的及在系统中参与者所承担的各自角色与行为期望。因此，需要某种固定的情景规则（contextual anchor），为构建适用于大数据的业务框架和制度控制奠定明确的基础。

转变终端用户许可做法

用户授权共享其个人数据的方式相当重要。个人信息流（如位置数据、购物和健康记录）可能非常复杂。每条推文、带地理标记的图片、电话或信用卡付款等数据，不仅把用户的位置信息提供给了主要服务商，同时也共享给了所有被授权访问和重新使用这些数据的应用程序和服务商。依据数据被重新使用的服务性条款，该授权可能来自终端用户或来自采集数据的服务机构。

这种数据流机制是 Web 2.0 革命的一个关键部分，它通过 RESTful API、聚合应用程序和授权访问来实现。由于个人数据在各类服务间的传输方式已经变得过于复杂，以致用户无法进行处理和管控。

如果在用户不知情的情况下，扩展用户所控制数据的应用范围和提升数据分析的颗粒度都是毫无意义的。多年来，终端用户许可协议（End User License Agreements，EULA）提供了一个很糟糕的范例。用户不得不盲目地接受和同意那些冗长的、让人难以理解的复杂条款，而这些条款中可能包含损害用户自身利益的内容。

授权过程不能太复杂，因为这会妨碍用户制定合理的决策。同时，它也不能太过于简单，因为这样将无法体现与个人隐私相关的决策的重要性。授权过程所面临的一个挑战是：如何建立一个有效的终端用户许可系统，以便用户能充分理解和调整其隐私设置。

然而，界面操作（单击）与期望效果之间的差距，可能使数据的所有权变得毫无意义。一键式界面操作将人及其数据置于违背公平信息实践原则的系统和规则中，而这些规则和系统在当今基于终端用户许可证的云服务或应用程序中是普遍存在的。在向大数据经济转型的过程中，数据"新政"与"旧政"同时运行；在设计转变机制时，如何有效应对二者之间的长期矛盾确实是一项严峻挑战。在过渡期间以及数据新政不再属于新生事物时，个人数据必须继续流动才能实现其效用。如果没有经济、高效且十分有效的业务实践、法律规则和技术解决方案，用户无法直接控制的个人数据将很难得到保护。

"生活世界的知情同意"（Living Informed Consent）的设想是：用户有权知道哪些实体正在收集关于自己的哪些数据，有权知道自己的数据被共享以后会给自己带来什么影响，并最终负责数据共享的授权。我们建议读者问自己一个问题：哪些服务商知道我今天所处的城市？是谷歌？苹果？推特？亚马逊？Facebook？Flickr？还是我几年前授权其访问我的 Facebook 登记簿但后来忘了的某个应用程序？这是一个与用户隐私、用户许可有关的基本问题。然而在当今的数据生态系统中，找到这一问题的正确答案非常困难。我们希望绝大多数服务应用能根据用户的授权负责任地处理用户数据。然而，在复杂的数据流网络中，数据很容易被泄露给粗心大意或带有恶意目的的服务商[33]。这就需要制定解决方案，以帮助用户做出关于数据共享的明智决策。

大数据和个人数据的制度控制

"制度控制"（Institutional Controls）是指通过法律、政策、行政，以及其他并非完全是技术、工程或机械性的措施所实施的保护性机制。在大数据背景下，要理解什么是制度控制，最好的办法就是看制度控制是如何应用于其他领域（比如环境规制领域）的。

美国环境保护署（EPA）的政策文件里有一个实例，阐述了制度控制这一概念所反映的环保法规的实施目标。美国环境保护署在其《制度控制术语表》中给出了如下定义：制度控制是一种非工程性措施，旨在通过阻止或减少人们对危险物质的暴露程度影响人的行为。制度控制几乎总是与废物处理或废物限制等工程措施结合使用，或者作为这些工程措施的补充。制度控制分为四类：政府控制、所有权控制、实施工具和信息控制设备[34]。"制度控制的边界"这一概念明确而有力地定义了机构的网络与数字边界。在佛罗里达州的环境规制中，当财产所有人的风险管理和废物清理责任延伸到有形财产边界之外时，这一概念将被应用。例如，佛罗里达大学最近关于清理目标水平（Clean-up Target Levels，CTLs）的一份报告指出，"制度控制边界必须满足默认清理目标水平，少数情况下其可以延伸至地产边界之外。"[35]

当制度控制应用于"单独拥有的相邻财产"时，个人数据管理的法律、商业和其他系统边界定义呈现了多种可能性。要求负责场地清理的一方尽最大努力与邻近业主达成协议，建立相关的制度控制，这也许是最直接但却是最不规范的做法。如果直接谈判未能达成协议，则可能需要由保持中立的第三方来解决关于制度控制的分歧。如有必要，环境法规可通过迫使责任方购买对方的地产或者由美国环境保护署直接购买该地产来强制收购相邻土地[36]。

在大数据的背景下，制度控制很少通过政府监管框架来实施；不过，这样的案例也存在，如美国环境保护署（EPA）对环境废物管理的监督[37]。相反，在大数据及相关信息技术和企业架构背景下，实施制度控制措施的机构通常采用行政手段、商业惯例、法律合约、技术安全措施、报告制度、审计方案以及其他各种风险管理措施。

不可避免的是，对大数据的制度控制必须跨越制度边界才能有效运作，正如环境废物管理有时必须跨越不动产边界才能产生效用，而且可能涉及多个不同的所有者同时受制于控制措施。在没有政府监管的情况下，系统操作规则作为一种通用模式可用于界定、认同和执行制度控制以及涉及 BLT 领域的所有权、管理和操作的其他控制，是一种被广泛理解和接受的有效方法。

遵循世界经济论坛的建议，即以类似银行账户的方式来处理个人数据的存储[38]，我们需要改进一些基础设施，使个人数据生态系统蓬勃发展，创造新的经济机遇：

新的全球数据源网络： 为了使个人数据存储能够像银行账户那样，必须维护数据存储项的原始信息[39]。换句话说，个人数据的存储设施必须对所有数据项的来源清晰说明。然后，数据库必须相互连接，为审核和记账系统提供一个具有弹性的、可扩展的平台，以跟踪和协调来自不同数据源的个人数据的流动情况。

计算法则的可信任网络（Trust Network for Computational Law）： 为了在交换个人数据的各方之间建立信任，需要在个人数据系统的设计中纳入某种"计算法则"技术。该技术不仅应参照用户定义的政策核实合约条款（例如数据使用条款），而且还应建立一种机制，保证接受这些数字合约的实体不事后抵赖。"用户管理访问"计划等举措已经表明技术协议流程具有较高的可信度和可执行性[40]。

数字机构的制度控制发展现状： 目前，关于创建虚拟货币（例如比特币[41]、唯链[42]）的一些提议具有各自的基础系统，这些基础系统有可能演变成自治的"数字机构"（digital institutions）[43]。对于这些系统及其运作机构，需要开发一种新的范式，以了解其内部环境的制度控制。

使用情境

为了开发能有效平衡经济、法律、安全和其他方面利益的大数据架构。我们需要理解数据的相关背景（Relevant Context）及其运用场景（Applicable Scenarios）。为了确定应用场景，我们首先要列举与大数据运用相关的机构，并描述他们持有、访问及其他调试数据的方式与原因。虽然大数据跨越多个商业、法律和技术边界，但一个或多个机构通常可以或必须能管理和控制数据。本书引言中提到的公共利益，可以表述为设计要求，甚至可以表述为认证标准，运用于运行大数据系统和计算服务的机构。

也有必要对数据所在场景的某些方面作狭义定义，以确定有关关键方对数据的基本所有权、控制权及其他预期服务。例如，把某项交易描述为财务兑换，可能无法完全揭示所涉个人和组织合理预期的权利、义务或其他结果。通过应用程序销售二手车，通过 Google Hangout 进行咨询，通过在线大学获得硕士学位，这些都是财务兑换发生的场景。然而，每一种场景都发生在一个易于识别的背景下：如果汽车购买获得贷款，就可以完成商品销售并获取更多的财务信息；具有专业许可证的医师因为实施治疗可以访问和创建与精神健康相关的机密数据；在线学习服务、受保护的教育记录以及可能涉及更深层次的财务信息（如果该学习计划由奖学金或贷款资助）。场景还可以识别建立现有消费者权利所必需的关键因素：交易双方（消费者和二手车经销商）、交易（购买二手车）、数据（销售和所有权数据、财务信息等），以及系统（第三方应用程序及其相关服务或功能、州车管局（DMV）服务机构、信用卡和银行服务机构等）。相关州的产品缺陷法、统一商法和其他适用规则所规定的权利，将决定责任何时产生、何时终止、必须做出哪些承诺、哪些情况要做出拒绝、必须由谁来保护数据安全，以及对个人数据和大数据使用的其他要求或限制。当看起来完全相同的某种交易在另一个不同的场景下操作时，各种因素都会有所不同，甚至场景也会因事情发生的背景不同而有所差异。

以下四个要素对于确定高层次目标至关重要：

1. 场景中的人员是谁（例如，参与方是谁，他们各自的角色和关系是什么样的）？

2. 相关的互动是什么样的（例如，哪些交易或行为由相关人员单独或一起实施）？

3. 相关的数据和数据集是什么（例如，创建、存储、计算、传输、修改或删除哪些类型的数据）？

4. 相关的系统有哪些（例如，人们使用什么服务或软件进行交易，或者在软件应用中使用何种数据）？

受普通法的启发，数据新政定义了所有权的一般原则，这些原则指明了基本的关系和预期服务。然而，基于大数据，构成个人数据及期望的所有权利益的动态组合权利与责任，随着不同的背景及给定背景下的各种场景发生显著变化。

制度控制和其他系统保障措施能确保产生与具体背景情况相适应的结果，这些结果与系统运用场景高度一致，并且为提升更大的公共利益提供了基础和保障。数据新政的部分功效可以通过相关的制度控制来实现，其主要涉及大数据和交互操作系统的管理、商务、法律和技术等层面的机制。相关场景可用于揭示不同背景下数据新政的签名特征，还可用作评估哪些制度控制措施已相互较好地协调，从而实现经济、隐私和其他利益的平衡。

个人和组织参与可信任网络的要求和规则，因交易情况、数据类型、人的作用和其他因素的不同而存在差异。先前的互联网络，如信用卡系统、贸易伙伴系统和交换网络，对确立与可信任网络之间的共同要素具有指征性作用，同时也揭示了与可信任网络在数据背景、应用场景、法律责任、业务模式、技术流程和其他签名模式等诸多方面的截然不同。构建信任网络是为了管理大数据，它能够做到充分保护个人数据所有权及其他广泛权益，同样也允许参与者在商业、法律、技术方面保持广泛的异质性。

某些情况下，新商业模式与环境的出现，需要新思维重新转换和组合交易各方的角色或关系。因此，理解实际数据背景与应用场景，对于设立可接受、可持续的商业、法律和技术规则和制度尤为重要。在个人大数据社会科学研究背景下，示例场景描述了更深层次的真实情况[44]。数据新政体现在人的角色、人与人之间的互动、数据的使用以及相应系统的设计上，为利益相关者创造了超乎预期的直接价值。

数据新政旨在为任何创造、使用或受益于个人数据的人提供巨大价值，但在其价值凸显之前并不需要一次性全盘采用。它的诸多原则在很大程度上可以逐次增加，比如逐次采用经济领域、交易类型或数据类型方面的原则。采用多阶段持续实施数据新政的方法有助于解决因系统体系变化所带来的成本、服务中断或过度监管所产生的典型异议。政策激励措施也可以进一步应对这些异议，例如根据可信任网络规则为组织运行提供安全保护。

依据预先设计的使用情形，能够确定个人数据的使用是否符合衡量标准。这种标准与可信任网络规则相一致，可用于政府对安全保护或其他保护权利的认证。由于数据新政根植于普通法和社会契约，因此可以列举、辩论并认同适用于给定情形下的各种权利和期望，包括隐私和其他个人数据利益。

结论

当今社会面临着前所未有的挑战，要应对这些挑战，需获取个人数据，这样就可以了解社会是如何运作的，人是如何行动的，是什么使我们具有创造性，以及包括从思想到疾病的所有事件是如何传播的。决策必须可执行且可即时获得，这样才能吸引大众，创造社会神经系统。本章主要回顾了在机构中收集到的大数据是如何用于公益事业的。在许多情况下，虽然已经收集到建设良好社会所需的数据，但这些数据仅能由企业和政府所独享。利用精心设计和实施的制度控制可转变这一局面，目前其已经覆盖商业、法律和技术等领域。

实施数据新政的前提是，变革的主要推动者必须要认识到个人数据所有权属于数据所有人。该所有权（使用、传输和删除数据的权利）确保了数据可用于公共利益，同时保护公民的隐私。数据新政仍然是新生事物。书中详细阐明了实施数据新政的技术手段、法律准则、业务分支以及大量访问数据的直接价值。很明显，受商业机会的激励、法律指引及用户需求驱动，企业在实施数据新政的过程中应发挥主导作用。只有做好统筹安排，使现有的数据所有权系统改进和完善，才能使收集到的海量个人数据发挥其巨大潜力。

关于世界经济论坛白皮书《个人数据：一个新的资产类别的出现》，请参阅附录 A。

第 5 章　去中心化个人数据市场的兴起

雅各布·斯塔亚诺

盖伊·奇斯金

布鲁诺·莱普里

努丽娅·奥利弗

阿莱克斯·彭特兰

去中心化个人数据市场的兴起

　　随着移动电话的普及和广泛使用，互联网服务、社交媒体平台和信用卡的使用量呈指数增长，可穿戴设备和互联实体（物联网）激增，社会上产生了大量的人类行为数据，这些数据涵盖了日常生活的许多方面，具有极其精细的时间粒度和空间粒度[9]。

　　海量个人数据是一种宝贵资源，能帮助我们设计和构建更好地满足个人与社区需求的社会系统。例如，提供个性化的情境感知反馈及其服务[8]。因此，通过分析这些数据，人们可以有效地提高很多社会公共服务的水平（如城市规划、公共卫生和应急响应等）。类似地，许多商业服务机构（如 Waze 或信息推荐引擎）也需要位置、购物信息或浏览历史记录等个人数据。

　　然而，个人数据被广泛地收集、存储和使用，对人们的隐私构成了前所未有的挑战，引起公众担忧[1,6]。与此同时，人们愈发意识到与个人数据相关的价值和风险，特别是个人位置数据的价值与风险[22]。国际上对移动电话数据隐私的规制（http：//ec. europa. eu/justice/dataprotec-tion/individuals/index_en. htm），以及关于在解决数据匿名化过程中所遇到的困难或问题的研究和讨论，反映出人们对此日益增加的担忧[11]。

　　现在的核心问题是：个人如何通过分享个人敏感数据服务于公共服务部门（例如城市规划部门）或商业性机构（例如提供交通出行和驾驶服务的机构），同时确保这些数据仅用于预期的目的。这个问题不仅已间接地承认了个人数据使用中可能存在的滥用风险，而且还认识到了目前孤岛式的数据收集、管理方式，以及该方式引发"丧失创新机会"的风险，即该固有模式妨碍了广大使用者特别是个人数据的生产者（即用户）对数据的有效使用。

　　最近，已提出了新的以用户为中心的个人数据管理模型，旨在使个人能够更好地控制自己数据的生命周期[14]。为此，针对不同种类的个人身份信息（PII，例如密码、社会保障卡号码和健康数据[23]、位置[10,12]以及通过智能电话或连接设备[12]收集的个人数据），研究人员和企业正在开发中观颗粒尺度的数据访问控制存储库。

目前业界已经引入了"个人数据市场"的概念。在该市场中的"个人"出售自己的数据给有意的购买方[2]。虽然个人数据市场的未来趋势是设计相关技术，支持个人数据透明和隐私化的使用。但是，目前这些技术正处于研发阶段，还面临在技术和规制方面的诸多挑战。

为了建立个人数据市场，必须将潜在的买方（需求方）与卖方（供给方）有效地联系起来，为买方和卖方之间商品和价值交换提供一个可信赖的机制。在个人数据市场上，卖家是个人（拥有自己的个人数据），买家是公司、研究人员、政府，而"商品"交换的机制还有待建立。

此外，研究已发现用户越来越关注个人数据共享中的隐私问题[16,22]。为实现建立个人数据市场的愿景，应该把"人"放在中心的位置。因此，除了关注建设数据平台技术外，尤其应开展以用户为中心的研究，以揭示个人数据市场中人的因素（例如个人偏好、个人数据的敏感性和个人数据的价值）的极端重要性。

在最近的一项研究中[19]，我们通过"生活实验室"[5]，采集了多种由手机产生的个人数据（包括地理位置和通信信息数据），并研究了这些数据的货币价值。通过研究，我们对个人移动数据的价值得出了以下几个主要观点：

1. 与单点的个人移动数据相比，**多点批量的个人数据集更具价值**。有趣的是，我们的研究中参与者对个人移动数据价值的评估要低于其他类似研究（比如，对个人网络浏览信息价值的评估[4]）。

2. **位置，位置，位置**！我们调查发现，参与者估价最高的信息始终与位置信息相关，位置信息也是采集移动数据时最容易被用户拒绝提供的个人身份信息类别。

一些参与者还表示，他们不希望被地理定位，并认为位置信息是高度敏感的个人信息。另外，我们发现移动行为（例如日均行程距离、每日回转半径等）与个人数据估值之间具有统计学意义上的显著相关性。并非所有用户都会同等重视自己的个人数据：某人每天出行的次数越多，就愈加重视个人的位置、通信和应用程序使用信息等。

这些发现可能会对与位置共享相关的商业应用程序的研发产生深刻影响。尽管此类应用程序的用户通常在默认安装状态下，同意分享位置信息，但我们的发现是，如果在更明确地询问个人或群体是否分享位置信息时，则有 17% 的用户决定不共享。此外，移动行为将影响个人身份信息的估值。

蔡等（Tsai et al.）[21] 对 500 多名美国人进行了一项在线调查。该调查根据共享个人位置信息的风险或收益程度（例如被追踪或在紧急情况下定位）划分出不同的情景，并在每种情景下评估出参与者对位置共享的看法。

大多数参与者认为分享位置信息的风险高于其所带来的收益。然而在今天，大量受欢迎的移动应用程序，如 Foursquare 和 Facebook Places 等，都在采集用户的位置数据。这些涉及位置共享的流行的商业应用程序并不主动地跟踪用户，而是通过允许用户自主选择使用签到功能来报告其位置，这似乎减轻了用户对这些程序使用过程中隐私问题的担忧。

3. 人口的社会特征并不决定 PII 的价值，人的行为才会决定其价值。当我们把调查中参与者的报价与其人口社会特征进行关联时，没有发现两者具有任何显著的相关性。另外，我们发现人的行为（特别是移动信息和应用程序的使用情况信息）与参与者的报价之间具有统计学意义上的显著相关性。从研究结果来看，个人对移动 PII 的估值似乎与其行为差异有关，而与人口社会统计差异关系不大。特别是，每日出行距离和回转半径越大，参与者对其 PII 的估值就越高。相反的是，一个人使用的应用程序越多，其对 PII 的估值就越低。这种相关性的潜在原因是，用户多已习以为常地接受 APP 程序为他们服务的同时采集他们移动 PII 的事实。因此，他们通常对移动 PII 估值较低。

4. **相信自己，而不是其他方！** 无论是我们还是卡拉斯卡尔（Carras-cal）等人[4]的研究已非常清晰地表明，在处理个人数据方面，人们主要还是相信自己。

尽管如此，研究也发现现有的绝大多数用户都无法使用有效的工具，在安全、透明和用户友好的条件下处理和保护他们的个人数据。这一结果支撑了采用以去中心化、用户为中心的架构来存储管理个人信息的必要性。

5. **在特殊的日子人们对其个人数据的估值更高**。对样本数据分析揭示，在两类特殊的日子，人们对所有类别个人数据的估值都明显高于其他日子。一是假期，二是某类特殊事件（如由极端强风引发的严重交通堵塞或其他安全事件）发生的日子。

这表明，我们的实验参与者对其所拥有的个人数据估值并不总是一致的，即使它们属于同一个类别且具有相似的复杂度水平。这一发现无论是对于个人数据市场还是对于个人移动数据货币化服务都具有直接的意义。

总之，我们的研究结果表明：（1）位置、行为和批量 PII 是最敏感和最有价值的个人数据类型；（2）用户希望控制其个人数据的访问和使用。这些结果凸显了个人在真实世界实验中对自己隐私的关切。

在这个话题上，Orange 委托一家独立的研究机构 Loadhouse，对英国、法国、西班牙和波兰的 2028 位手机用户进行了在线访谈，以了解消费者对个人数据使用的态度[25]。这个访谈的目的是揭示消费者与各种数据服务提供商之间的信任程度、消费者对其个人数据的估值以及影响估值的因素。有趣的是，在欧洲，消费者正在积极争取掌控个人数据，同时公司在获取和使用这些数据方面正变得日益老道。此外，研究还表明，客户知道自身数据对企业的价值，而且对数据的估值会因信息类别和个人与企业关系的不同而改变。

更具体地，客户愿意与某组织分享以下三类数据：

1. 有关朋友或其他联系人的数据和其他私人信息（如收入等）；

2. 行为数据，包括位置或移动支付等信息；

3. 个人背景基本数据，如姓名、出生日期、手机号码或婚姻状况等。

这些研究工作支持以用户为中心的方式创建个人数据市场，同时也揭示了实现这一市场的关键性技术挑战，即需要一种既能保护个人隐私又能保证数据完整性的安全的数据共享方法。正是目前缺乏能安全支撑数据市场运行的工具，促使我们开发了 ENIGMA 系统。ENIGMA 是一种解决隐私问题的计算框架，让人们能够以可信任的数据分享方式，将个人信息用于增进商业和社会利益。

在下一节中，我们会阐述 ENIGMA，并说明如何通过其使用来构建个人数据市场。

ENIGMA：个人数据安全分享的去中心化平台

正如我们在第 3 章中所讨论的，ENIGMA 是一个去中心化平台，其核心是使用区块链协议来实现安全的数据共享，从而消除了对可信任第三方的依赖，以实现对个人数据的自主控制[26]。基于区块链的特性，ENIGMA 用户第一次能够在利用加密措施保护其隐私的条件下，分享和销售其个人数据。

ENIGMA 使用了当下流行的去中心化区块链技术，该技术充分集成了密码学和去中心化网络技术领域的成就，能有效地减弱"中间人"在社会角色中的作用[3,7]。

通过该技术人们能以安全、可靠和不被更改的方式，将特有的数据资产或数据转移给他人，因此这种技术可用于创立没有任何政府机构背书的数字货币（例如比特币）[13]；自主执行的数字合约（也称为智能合约），该合约可在无任何人干预的条件下自主执行（例如 Ethereum）[20]；去中心化市场旨在实现不受中心化方式监管的自由运营[7]。因此，ENIG-MA 可以为个人数据市场的商品交换提供安全可靠的机制。在个人数据市场场景中，数据购买者可能是公司、公共机构或研究人员，而数据销售者是通过提供自身数据而获得报酬的个人。

ENIGMA 系统允许把任何类型的计算外包给云服务系统，同时确保底层数据的保密性和计算返回结果的正确性。该系统的一个核心功能是，允许数据的所有者界定和控制谁可以查询数据，进而确保被授权的查询者仅能获得查询结果。在这个过程中，没有任何原始数据被泄露。

ENIGMA 本身是由存储和执行查询的计算机网络组成的。使用安全多方计算（sMPC 或 MPC），每台计算机只能看到随机的数据片段，这样防止了原始信息的外泄。另外，查询者还须向计算资源以及数据的所有者支付一笔小额费用，这为数据市场的成长奠定了基础。

当共享数据时，数据被分成几个被称为"份额"（shares）的随机片段。由于份额是通过密钥共享的方式创建，可以完美地隐藏底层数据，同时保留一些必要的公开属性，以便让这些数据以一种"蒙面"的形式被人查询。

由于 ENIGMA 中的用户是自身数据的所有者，因此我们需要一个可信任的数据库来公开地存储一份数据拥有证明，以确认哪些用户拥有哪些数据。ENIGMA 将区块链用作不属于任何一方的去中心化的安全数据库。我们的解决方案基于奇斯金等人的研究[24,26]，该方案允许数据所有者指定哪些查询服务在什么条件下可以访问其数据。当查询服务发起计算请求时，计算服务节点可以查询区块链，以确保该请求具有合法的权限。

除了作为安全的分布式公共数据库之外，区块链促进了查询者向计算方和数据所有者支付报酬的机制的发展。此外，要求查询者有合法的权限，并能验证查询是否被正确执行。

在个人移动数据安全市场的背景下，ENIGMA 是销售和购买个人数据市场的底层支持技术。数据的所有者可以访问一个界面，在该界面中，他们可以选择哪些个人移动数据（通过他们的移动电话自动收集）能够上传到系统中，以及哪些查询者可以使用他们的数据。数据所有者的个人数据可以被他人使用，作为交换，数据所有者也会得到相应的补偿。同时，他们的原始数据绝不会被任何访问者所泄露。

ENIGMA 系统不仅为数据所有者提供了对个人数据的完全控制权，而且使数据所有者能够清楚地知道哪些查询用户正在访问他们的数据，以及这些查询请求是服务于何种目的。同时，数据服务商能够货币化系统中的个人数据，无须访问其原始拷贝。

查询者必须向数据所有者支付合理的报酬，该报酬应与数据所带来的价值成正比。最后，鉴于 ENIGMA 的区块链技术，所有交易都是在既保持数据的完整性又保证数据的私密性的前提下进行。

结论

当前，伴随着大数据分析，无处不在的移动数据与计算呈指数增长，诱发了"数据生态"的显著转变。不可否认，这些转变对人们共享个人数据的意识、敏感度和愿望正产生巨大影响。

虽然第一波社交媒体、地理社会和 Web 2.0 应用程序已经把个人数据作为一个市场机会加以利用，但是数据的生产者（最终用户）几乎没有参与。然而，当下我们在隐私保护和个人数据使用方面的认知达到了一个全新的高度，部分原因是由于媒体所曝光的数据泄露和情报丑闻。公众愈发强烈地要求政府实施"数据新政"[15]，其中，对数据使用的透明度、控制权和隐私权保护是任何数据驱动服务的核心。

在私人和公共空间连接传感器的激增，可进一步地加剧这种紧张情形，从而在无形中将限制下一代数据驱动型应用程序对商业和社会的影响，例如，在智慧城市中的应用。因此，富有远见的社会学家、律师、技术人员和政策制定者应该组成一个跨学科团队来有效解决个人数据的访问和控制问题。本文提出的以用户为中心的个人数据市场模式，叠加对数据访问和使用的加密保障技术，可能会成为解决上述紧张情形的方案。我们计划在不久的将来对这一方案进行验证。

我们设想了这样一个世界：在这个世界里，技术应该是企业创新和社会进步的推动力，而不应该成为削弱公民权益和社会民主的障碍。我们认为，有觉悟的公民，在能够尊重和满足其权利与需求的技术支撑下，是建设未来智能化数据驱动型社会的关键力量。

第6章 手机数据的人道主义 使用方式

伊维斯－亚历山大·德蒙鸠斯伊

杰克·肯德尔

卡梅伦·克里

随着移动电话的普及和广泛使用，互联网服务、社交媒体平台和信用卡的使用量呈指数增长，可穿戴设备和彼此连接媒介（物联网）激增，社会中已经产生了大量的人类行为数据，这些数据涵盖了日常生活的许多方面，具有极其精细的时间粒度和空间粒度[9]。

无处不在的个人数据是一种宝贵资源，能帮助我们更好地设计和构建理解个人、社区需求活动的系统。例如，提供个性化的情境感知反馈和服务[8]。因此，通过分析这些数据，人们可以有效地提高很多公共服务的水平（如城市规划、公共卫生和应急响应等）。类似地，许多商业服务机构（如 Waze 或推荐引擎）也需要位置、购物信息或浏览历史记录等个人数据。

作为麻省理工学院研究的一部分，我们在先前研究的基础上审视了手机数据开发的两个应用案例。第一个案例是利用位置信息元数据来理解和量化国家内部及国家之间传染病（例如疟疾、埃博拉病毒）的传播模式[6]。第二个案例是从移动电话的元数据提取行为指标，用于精准定位、推动农业技术的应用、探索就医行为等相关研究[7]。在这些应用中，移动电话数据可基于具体的特征和行为定义不同的群组，然后这些群组可以从移动运营商接收到消息或其他的信息扩展服务[8]。应用实例还包括在限定的条件下，如何利用移动电话数据筛选、识别和直接联络不同个体。从信息规制和隐私保护角度看，上面两种情形截然不同，后文将做进一步讨论。

虽然移动电话的元数据具有十分广阔的应用前景，但我们的案例研究也表明，信息规制方面的阻碍和隐私保护方面的争议仍阻碍着移动电话元数据潜力的充分发挥。更具体地说，我们的分析表明：（1）缺乏公众所接受的、尊重个人隐私的移动数据共享方式；（2）各国数据共享的规范机制各不相同，且具有不确定性，导致跨境数据共享尤其困难。

虽然一些前瞻性的企业已意识到个人隐私的重要性，并开始与研究人员进行有限的数据共享合作。由于信息规制和隐私保护方面的障碍与挑战，使得移动运营商仍难以通过分享数据，服务于人道主义用途[9,10]。

后文将进一步介绍这些问题，并提出相应的建议。

保护个人主体的身份信息

　　提供给研究人员的手机元数据不应该包含个人姓名、家庭地址、电话号码或其他明显的身份标识。事实上，许多规则和数据共享协议都严重依赖于匿名化保护模式，其关注重点是建立预先设定的、非公开的个人身份信息列表。例如在美国，为了保护患者的健康记录隐私，卫生与公共服务部发布了隐私保护规则，明确了关于患者的哪些信息必须从数据库中删除[18]，以达到无法识别患者具体身份的目的[11]。

　　然而，消除一些特定的身份标识并不能充分阻止个人身份被重新识别。这些数据集的完全匿名性无法保障，有研究[12]表明，给定一个移动电话数据集，最少只需要知道四个数据点（例如，某人打电话或发短信的大致位置与时间）就足以重新识别该数据集中95%的个体。通常，任意两个人几乎不可能在同一个地点、同一个时间出现在四个同样的场合中，这实际上为每个个体都创建了一种独特的"签名"。相同研究还利用单一化概念揭示，简单匿名化的移动电话数据集根本无法提供充分的匿名性，即使有意粗糙化数据或注入更多噪声。移除身份信息的方法仅能给分辨、识别数据集中的特定个人带来些许难度，因为只要把地理信息与姓名或其他身份标识（例如，社交媒体上标记位置的帖子、行程单等）联系起来，就可识别这个人。

　　然而，批量识别人员信息要困难得多，因为这需要获取完整的人员列表以及他们所到过地方的位置信息，而这些信息通常是难以获取的。尽管如此，顽固的攻击者仍可利用此类群体信息重新识别出个人身份。因此，在大多数情况下，删除个人身份信息仅仅是隐私保护的第一步，实际上还需要更严格的方法，除非完全信任数据集的使用者。

　　认识到匿名化方法的局限性以及仅通过姓名、身份证号码等简单信息就能完全再识别出个体身份，各国政府已寻求更大的信息保护范围，其涵盖了一切可用于识别个体身份的信息。2007 年，联邦预算管理办公室将所有"与个人相关的或可能相关的任何私人信息"都加入了个人身份标识清单[13]。在欧洲，第 95/46/EC 号政令警告"应考虑所有可能用于个人身份识别的手段。"[14] 最近，欧盟隐私监管机构的一份详细报告就个人身份重新识别的挑战和风险提供了技术性指导[15]。

这些宽泛的定义所存在的主要问题是太过笼统。除非数据已经被大幅修改或聚合，否则任何现有的匿名方法或协议都无法 100% 地保证移动电话元数据不被重新识别。由于政策规定不具体，政策目标难以验证，一旦走向极端就会执行得过于严苛，即使风险非常有限的数据共享行为也会被禁止。

这些政策过于强调重新识别个人身份的风险和可能造成的损害，而没有仔细考虑使用这些数据所带来的社会效益（比如，在灾害发生后，为政府提供灾害应急管理信息）[16]。当需要涉及重大公众利益或需避免民众遭受严重伤害时，应对数据的共享给予特殊的考虑。此外，数据共享应允许向高度可信任的数据使用者提供更高程度的开放权限，当然要建立更严格的数据共享、安全保护措施、追溯审计和访问控制机制。例如，当研究型大学中的获信第三方若仅以研究为目的，应被允许访问更丰富、匿名程度更低的数据，当然他们应承诺不滥用数据和不重新识别个人信息。

对上面提到的两个案例，我们制定了数据共享协议，在允许使用数据进行研究分析的同时，注意保护个人隐私。我们设想可为研究团体和非政府组织提供匿名数据，但必须同时增加身份再识别技术的难度、限制可用于身份再识别的数据量，并且通过具有法律效力的协议限定数据的用途，从而进一步减小了个人数据被重新识别或滥用的风险。

在数据分析中，我们运用相对开放的中间技术方案与多个研究团队和非政府组织共享了数据，该技术方案一定程度上保障了数据分享的可信度和可追溯性。我们没有考虑完全公开地发布数据，因为那将要求极

信任与数据

高的匿名性；同时也没考虑对那些拥有很强的数据保护措施、并允许以较低匿名化水平持有数据的可信任第三方进行数据共享。

在第一个案例中，基于 5% 的月度抽样数据，我们每月按照新的身份标识进行了一年的再抽样，同时在时间上将其粗化到 12 小时一期（早 7 点到晚 7 点），在空间上按区域聚合。我们认为，经过这样再处理的数据样本能够达到数据的效用与隐私保护的平衡[17]。经过处理的数据可以充分揭示个人在研究区域之间的移动性以及在受感染区域中度过的夜晚数，同时提供有效（但不是绝对）的个人隐私保护，并限制了可能用于身份重新识别的数据量。在我们的第二个案例中，在删除异常值之后，从元数据衍生出的行为指标[18]可以安全地与研究人员共享。研究人员可以利用这些数据，根据通信模式、移动性、联系人数量等特征将人群划分为特定的群组。只有移动运营商知道这些特定人群的电话号码，并可通过短信或其他通信方式与他们联系。

我们还考虑了如何联系符合这些数据标准的特定个人。要做到这一点，要么需要（a）在数据集中增加一个唯一的化名身份，而这个化名身份能够把表示某些特征的数据（例如基于旅行状况可能患病的风险）与特定的个人联系起来；要么（b）在数据集中包括电话号码，以便研究人员和非政府组织能够直接联系被识别出的个人。因为这种数据集能够被重新识别，除非是被高度信任的数据使用方，否则前者（a）将背离妥善保护隐私的初衷；而后者（b）则明显背离了隐私保护的原则，因为数据集披露了未经处理的个人身份信息。

然而，在发生地震等紧急状况时，重新识别个体身份是至关重要的[19]。这些不同案例进一步说明，需要为被信任的第三方提供有效的机制来对数据的使用、获取、安全性和可信性加以严格控制和维护[20]。更普遍的是，先进的隐私保护算法使重新识别移动电话的元数据变得更加困难。包括对数据进行抽样，通过泰森多边形转换使 GPS 坐标精度降低[21]，或者通过限制数据的时间序列长度缩短时间变化周期。

隐私保护算法甚至可以建立一些系统或协作方式，研究人员在其中可以提出数据方面的问题，而移动运营商只与研究人员分享"问题的答案"[22]，例如某些行为指标或统计量[23]。根据赋予数据的用途、可能被揭示的数据数量和敏感性、数据是怎样和被谁管理存储的、伴随的风险等等，来确定采用哪一个解决方案。

争取政府支持

对于移动电话元数据的人道主义使用，第一个挑战是数据共享的规制体系具有不确定性，且国家间差异较大。我们的研究关注非洲问题，那里的数据隐私规制沿着两条主线发展。法语区国家大多位于非洲西部，是目前埃博拉疫情最严重的地区，该地区倾向于采用基于 1995 年欧洲隐私保护法案、由国家数据保护机构监督的隐私保护制度。与此同时，非洲采用普通法系的英语国家，要么尚未制定综合的隐私保护法律，要么各国采用各不相同的法律。这种情况对移动电话元数据的人道主义使用造成了诸多障碍。

第一，法律上的不确定性使数据共享协议的设计更加复杂化。事实上，即使在法律体系已经建立、规制机构已经持续运行的国家中，相关法规的制定仍不够完备，难以解决隐私保护的问题。这些问题即使在最发达的法律制度中也常常得不到解决。

第二，如上文所述，多数去身份识别方法的有效性问题持续出现在匿名化定义比较笼统的国家，欧盟就是其中之一。目前，并没有被广泛接受的数据共享标准，以保证不同的参与者在使用手机元数据时，达成隐私保护与数据效用性之间的合理平衡。

第三，无论各国法律制度如何，必须设计兼容性的数据共享协议，包括数据的去身份识别协议，并逐国进行验证。例如，兼容性的数据共享协议要求电话号码和移动电话身份标识[24]用相同的函数方式进行碎片化处理并加入噪声[25]，以便移动电话能被跨境追踪，即便用户更换了

SIM 卡仍然有效。这些问题使得跨境的数据共享或跟踪区域内人口流动变得特别复杂和昂贵。尽管如此，这种跨境的数据共享对防治疟疾和当前暴发的埃博拉疫情等疾病是至关重要的[26]。

第四，我们的第二个案例设想，通常只有从移动运营商元数据中衍生的行为指标才可以与研究人员共享。但是在特定的有限情况下，从这些行为指标中发现个人可能从信息分享中受益，此时个人的身份信息就可用于进行远程共享，包括由运营商发送的特定信息，或者通过谨慎地控制信息发布和使用的机制来进行个人身份识别。

如果没有得到用户的明确同意就从他们的移动电话中提取和使用数据，这种数据主体的再识别显然会带来隐私方面的挑战，并且可能会与大多数关于隐私保护的法律制度相冲突，除非法律已经规定了具体的例外情况。欧盟隐私法令规定，个人信息数据的处理必须有法律依据，但这种依据可能是"保护数据主体的核心利益"，也可能是"为了公共利益，或是行使官方权力，或认为'公共健康'是一种公共利益"[27]。由此，欧盟隐私法令得到了各国政府、卫生部门及数据保护部门的支持，从而能够在紧急情况下使用个人信息数据，还能在一些人道主义行动中使用该数据[28]。

结论：需要的路线图

隐私保护的挑战和规制方面的障碍使得人道主义的数据共享困难重重，远远超过移动运营商数据共享的应有难度，极大地限制了移动电话的元数据在开发或援助项目中的更广泛使用，也大大限制了在计算机社会科学、发展经济学和公共健康等研究领域的应用。

认识到数据造福社会的潜力，我们建议如下：

1. 企业、非政府组织、研究人员、私人事务专家和政府需要共同协商创造一套最佳的使用方法，以便在不同的数据开发案例中建立新型的注重隐私保护的元数据共享模式，这也是麻省理工学院工作组正在进行的、并被广泛和深入讨论的主题。这些最佳的使用方法有助于运营商和政策制定者在使用元数据时取得隐私保护和数据效用性之间的合理平衡，并由数据保护机构、数据审查机构将数据保护法律法规变成现实。这将使运营商能更容易、更低风险地支持个人信息数据的人道主义使用和研究，而且使研究人员和非政府组织能更好地利用这些元数据。

2. 关于最佳的数据使用方法，我们应该承认世界上没有数据去身份性的完美方法，现在没有，未来可能也没有[29]。总会存在着这样或那样的风险，必须在风险与可实现的公共利益之间实现平衡。虽然在隐私分析领域还需要进行更多的研究，但通过广泛采用现有的隐私保护技术并将其作为标准，将促进注重隐私保护的数据共享成为可能。

3. 为了实现数据的人道主义使用，数据保护的标准、实践以及法律法规也需要以更微妙、更细致的方式建立和纳入数据共享的信任机制。保护个人隐私不仅需要免于个人身份的重新识别，还需要考虑数据安全、防止数据滥用。

身份重新识别的风险并不完全是一个理论概念，也不是非黑即白的，而应根据数据使用者的可信任程度及其运行系统和流程的可靠性来进行评估。追踪人口迁徙模式或分析人的行为模式将为疾病的预防和治疗提供巨大的益处，但我们也能预见到，无论是对数据使用方心存不满的员工，还是威权的政府部门都存在滥用数据的可能。认识到被信任的第三方和系统在管理数据库、进行详细审计和控制数据应用中的作用，将有助于为数据在更多方之间进行更大程度的共享，同时也有助于抵御风险。

各国政府有必要重点聚焦，采用法律法规来简化移动电话元数据的收集和应用，服务于科学研究和公益目的。各国政府间还应彼此协调在数据共享方面法律，使具有通用的身份标识的元数据能够实现跨境共享。

此前非洲联盟批准了《非洲网络安全和个人数据保护公约》，力图推进非洲的数字化议程、协调非洲国家之间的法规，朝着这个方向迈出了坚实的一步[30]。该公约需要联盟 15 个成员方的议会一致批准后才能生效。该条约承诺，成员方将采用欧洲隐私法令作为模板，制定类似的法律框架。清晰一致的规则将有助于数据的跨境共享，但前提是必须采用务实的、注重隐私保护的方式推动数据匿名化、跨境传输和其他新的应用，使数据服务于公众利益，并允许开展公共卫生应急领域和其他有价值的研究。

当面对贫穷、疾病和基本经济增长的挑战时，基于移动电话数据、计算机隐私和数据保护规则的研究似乎都是次要的。但这些研究正在实现信息技术巨大潜力的关键道路上不断前行，并最终将帮助解决那些关键的问题。

第 7 章　可信任数据的生活实验室

大卫·舍瑞尔

阿莱克斯·彭特兰

前文我们讨论了改善数据和征信体系的必要性、建立征信体系的方法并且解释了与数据治理和社会互动新方法相关的隐私和私人市场的含义。如何确保实验室、会议和研讨会以及模拟系统中开发的理论与真实环境中的实际行为相关联？如何创建可量化、可重现结果的系统，并将其扩展到全国尺度？以及用什么方法来探索挖掘新系统的潜力以达到改善社会的目的？

经过数十年的实验，我们发现"生活实验室"带来了全社会尺度上的成果，这些成果经过检验、辩论、论证，最终可用于卫生、犯罪预防和交通等不同领域。生活实验室还可以指导企业的技术与文化创新，因为它除了用于公共事务及社区服务领域外，同样适用于企业环境。下面将讨论该平台如何为当今世界所面临的问题构建可扩展的解决方案。

引言

生活实验室是独特的、新型的真实世界研究平台，可将大数据分析转化为行动，通过深入量化真实世界的交互活动，为不同尺度的行为改变提供有效的干预措施。每个生活实验室通常由 12 ~ 16 名研究人员组成，利用新技术和数据基础架构研究社会问题并部署相应的干预措施。我们应用麻省理工学院开发的独特软硬件平台，对真实环境中的社会模式进行大数据分析，以揭示与人类行为相关的可执行的可行性结论。在项目运行期间，我们通过这一数据平台，展现了利用干预措施改变人的行为的积极效果。

生活实验室是高度协作的团体，一般包括区域性大学、政府、公司和非营利实体，通过与当地环境融合，促进知识有效传播，从而最大限度地发挥项目的效益。目前我们已经或正在意大利特伦托安道尔公国、卢森堡、哥伦比亚首都波哥大、墨西哥首都墨西哥城等地创建生活实验室。我们从公司、政府和私人共同投资所获得的资金能够支撑上述地方的生活实验室持续运行 2～5 年（尽管在特伦托的实验室刚刚又延长了 3 年）。一旦我们的研究团队帮助地方确立了解决方案，各地方政府需要联合当地合作伙伴投入更多的资金进行自身的能力扩展建设。

焦点参数

生活实验室通常设置在特定的城市、省或辖区，以便在最大程度发挥影响力的同时最小化成本。尽管我们目前正在开发基于远程工作人员和多站点协作环境的研究建设模式，但在目前的企业环境下，生活实验室是基于初始的单站点模式创建的。

社会生活实验室通常关注具有以下特征的政府管辖区域（无论是市、区还是州）：

- 人口 200 万～2000 万；
- 可行的经济基础；
- 希望推动经济增长的开明政府；
- 实力雄厚的大学或其他本地合作伙伴。

在企业环境下，我们通常会寻求：

- 拥有 100 名以上员工的企业（尽管最初可能从工作小组或部门开始）；
- 明确识别问题范围（创新、效率、员工健康、代际沟通和知识传输等）；
- 负责一线运营以及人力资源等管理职能的利益相关者。

范围界定过程

麻省理工学院在开发生活实验室时，与其他利益相关方一起参与了范围界定和设计过程。基于公民参与的解决方案包括：

- 了解和改善公共健康；
- 优化运输系统；
- 金融包容性和金融准入；
- 准备、检测和应对诸如洪灾、流行病（H1N1 暴发）等突发事件的系统；
- 加强创新以支持经济发展；
- 减少犯罪。

企业解决方案示例包括：

- 提高工作流程的效率；
- 加强组内和组间的协作；
- 破解高度成功原型（如"理想研究者""理想销售人员"等）的行为特征，创建评估方法，协助招聘和入职；
- 优化创造力和创新。

生活实验室的示例

表 7.1 展示了已经部署或正在部署的生活实验室的行业应用范围。

表 7.1　　　　　　　　　　生活实验室的行业应用范围

行业应用	描述
能源消耗	我们与私营企业合作，利用数据分析和一系列独特的社会激励措施，在瑞士的一个州，将能源消耗量降低了 17% 以上。使现有的水力发电量能够完全满足该州的能源需求，而无须利用柴油发电。这样的节能行为改变效果，通常是在能源价格上涨一倍以后才能达到[1]。

续表

行业应用	描述
健康	我们和 Orange 电信合作，与联合国和世界经济论坛共同组织了第一次 D4D 数据共享挑战项目（Data Commons for the D4D Challenge）。 项目召集了来自世界各地的 86 个研究小组，经过分析一个西非国家最大城市的大规模电话数据集，通过优化设置诊所位置和接种疫苗时间，使传染病的传播范围减少了 20%。
犯罪	我们利用来自 Orange 电信和政府统计的地理空间数据建立了一个预测模型，通过重新优化部署现有警备力量到预计犯罪率较高的地区，使伦敦的总体犯罪率大幅降低。拉丁美洲的一个大城市采用该项技术后使犯罪率得以降低了 70%。
犯罪	

续表

行业应用	描述
旅游业	安道尔是比利牛斯山脉的一个小国家，北部与法国接壤，南部与西班牙相邻。该国约有 8 万名公民，每年接待游客多达 1200 万人次。旅游业的持续动态变化，促使当地政府和企业与麻省理工学院展开了紧密合作，通过成立非营利性的研究项目，提升了游客的旅游体验，重构了更富有活力和创造力的国民经济。
年轻家庭	我们的生活实验室（由意大利电信、西班牙电信、地方合作社和地方政府赞助）在意大利自治区特伦托招募了 100 多个年轻家庭，记录了每个家庭 3 年的社交互动、活动规律、消费模式、信息反馈等数据。利用以上数据开发出实用系统，这些系统通过预测每天的压力、情绪、消费习惯等并提供相关反馈，改善了这些年轻家庭的生活状况。生活实验室还开发了管理和共享数据的新模型，探索了构建个人数据市场的新思想。通过个人数据市场，受试者可以销售自己的数据。
企业文化变革	通过与两家超过 10 万员工，来自航空航天和电信两个完全不同行业的大型公司的合作研究，我们正在帮助其管理层应对深刻的企业文化变革问题。通过帮助工作团队，我们识别了员工共同的行为特征，寻求在不同的交流方式和工作组织间架起沟通桥梁，改变多尺度行为模式和企业文化，创建了更灵活、更具创业精神的团队组织。
团队合作与教育	我们利用设置在 95 个国家的在线课堂，通过研究 1000 多个从事创新、创业项目的远程团队（一般由六个人组成）来提升团队的沟通协作能力，使其在长达一个月的交付项目（创业计划）里能够如同面对面一样合作。 我们也在积极探索远程学习环境中的交互伙伴学习与指导的新模式。

独特的数据驱动（Data – Driven）方法

麻省理工学院连接科学实验室拥有成熟的软件、法律和管理工具，可用于提升、理解和改变用户行为。

信任与数据

　　麻省理工学院的研究人员通过初步的数据和系统审核，在厘清了特定环境下的具体需求（包括哪些能力已具备，哪些能力还需构建）的基础上，创建了生活实验室（见图7.1）。

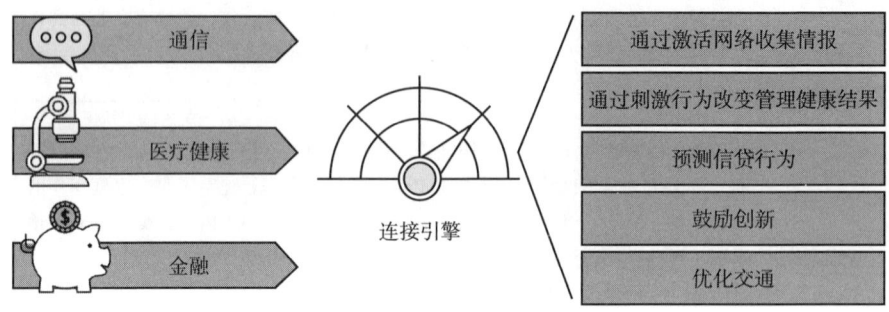

图7.1　生活实验室模式

　　然后，综合数据会被输入到集合数据共享空间（如图7.2所示）。麻省理工学院通过借鉴其他最佳实践技术，开发了安全、稳健的 OPAL/ENIGMA 隐私和个人数据保护系统（由彭特兰教授及其合作者开发的开源平台），在释放创新潜力的同时起到保护用户隐私的作用。

图7.2　集合数据共享空间

　　数据分析将部分围绕我们的 Bandicoot 库（bandicoot. mit. edu）进行，该库包含了100多种可用于移动模式行为分析和可视化制图工具，提高了实施干预措施的效率。

　　被规范化的所有数据（包括 Bandicoot 衍生的以及其他数据）通过交叉连接，被集成到连接引擎中，用于部署特定的干预措施（见图7.3）。

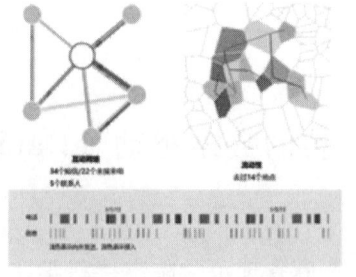

图7.3　数据的交叉连接

我们最近开始了 Rhythm 项目（http：//rhythm. mit. edu）（见图 7.4），该项目采用社会物理学方法并将其部署到远程通信平台（如视频聊天和文本通信频道），类似于新一代社会计量徽章（sociometricbadges）提供的现场社会计量感知功能。该平台可使我们在常规的企业工作环境下感受全方位的信息交流。人们每天可以召开面对面的或远程的会议，同时也可以以混合模式进行。随着 OPAL/ENIGMA 系统的开发，我们期待该系统作为生活实验室的中央数据管理核心平台。

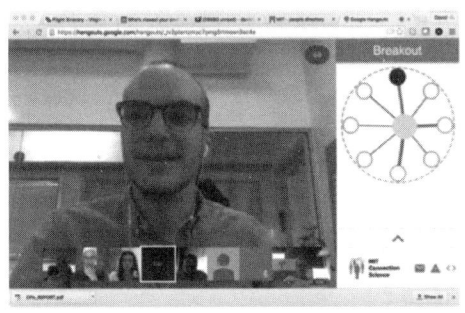

图 7. 4　Rhythm 项目远程通信平台示例

数据隐私与安全。麻省理工学院在个人数据保护和个人数据隐私标准领域是世界领导者之一，具有同行最佳的个人数据保护方法和管理策略（如以 OPAL/ENIGMA 标准作为解决方案的核心）。为了进一步推动数据隐私和安全保护方面的工作，麻省理工学院成立了网络信任联盟（Internet Trust Consortium）（trust. mit. edu），为生活实验室提供了一系列核心工具。第 2、3、4 和 5 章已作详细介绍。

电信数据。正如第 4 章中所讨论的，我们经常使用电信数据。最基本的部分通常是手机数据，包括通话记录（谁与谁通话，通话时间）和位置数据。这些数据在电信公司内部被抽象成"元数据"，供麻省理工学院做后续分析（也就是说，个人身份信息始终保存在电信公司内部）。

对于某些解决方案，需要特定数据源，如经济增长数据。即便某些信息不可得，麻省理工学院也能够使用相关的电信数据进行智能预测。例如，通过在谷歌地图上叠加电信位置信号，并查看位置的变化率，可合理地猜测出某人是在车内还是在步行。

麻省理工学院连接科学实验室与全球多个伙伴电信公司保持着长期合作关系，可推动在给定地域建设生活实验室的有效协作。实验室还成功利用其他数据源（如银行的信贷分析项目付款数据）开展研究工作。尤其在拥有地理定位服务的国家，这项工作进展得很顺利。

数据共享的益处。使用现代流行技术代替更为昂贵的传统调查方法具有特别的意义，它可以使人们快速洞察社会模式、供给和需求。生活实验室不仅覆盖了更多人口样本，而且避免了传统调查方式的缺陷，具有更高的时间和空间分辨率，能在更大尺度上对人的行为进行深入分析。通过当下流行技术（如移动电话）收集和分析数据，其突出优势是研究时间大大缩短。相比之下，以传统方式进行调查往往需要几个月甚至几年的时间，而且成本高昂。

激活社会组织

生活实验室的工作并不仅限于实验期。从一系列社会干预措施的探索中，我们可制定出针对关键问题的灵活的解决方案。但接下来怎么做？下一步是扩展到私人和公共事业领域，将最初的干预措施应用于可重复的、可持续的"社会公共服务"中，扩大其在卫生、交通、金融、安全、预防犯罪和经济发展等领域的应用范围。通过维护和扩展在最初的生活实验室中所创建的感知平台，创新得以持续。

建设更美好的明天

麻省理工学院的使命是推动前沿知识领域研究和培养下一代领导

者，以应对人类所面临的一系列最大挑战。生活实验室支持理论和实践创新，对于完成其使命起到关键性的作用。生活实验室致力于研究不同尺度的人类行为，特别是社会群体，为构建美好社会建言献策。这与麻省理工学院的使命高度契合。

应用多学科专业技能，我们与 MIT 多所学院（工程、管理、科学、建筑与规划/MIT 媒体实验室）及来自全球数十所大学的合作者共同打造了生活实验室。我们并非唯一使用生活实验室技术的研究者。随着生活实验室的日益普及，我们所提供的方法和工具，能够用于改善全球范围人们的生活体验。我们会继续寻找新的合作伙伴，共同探索和挖掘生活实验室的潜力。我们希望改良社会系统，帮助企业增进与其利益相关方的参与式合作。实现这一目标，不仅需要本书所阐述的可信任数据（Trust：Data）框架，也需要倡导者和宣传者，帮助人们更好地认识这些具有强大功能的新工具并提高其性能。加入我们吧，让我们一起建设更美好的明天。

附录 A 个人数据：一个新的资产类别的出现

世界经济论坛

鸣谢

本文件由世界经济论坛与下列个人和组织合作编写。

世界经济论坛

克劳斯·施瓦布教授，执行主席

艾伦·马库斯，科技、媒体及数位通信产业总监

贾斯汀·里科·阿约拉，通信产业副总监兼项目负责人

威廉·霍夫曼，通信产业负责人

贝恩咨询公司

米歇尔·露兹，董事

以下专家对"重新思考个人数据"（Rethinking Personal Data）项目进行了大量的研究并接受了多次访谈。我们对这些专家表示衷心感谢。他们是：

朱利叶斯·阿金耶米，麻省理工学院

阿尔韦托·卡莱罗，法国电信

雷恩·卡平内拉，艾奎法克斯

克里斯·康利，美国公民自由联盟

道格拉斯·德布瑞斯，诺基亚西门子通信

蒂莫西·埃德加，美国国家情报局办公室主任

杰米·弗格森，凯泽永久

迈克尔·费蒂克，Reputation. com& Heroic Ventures

塔尔·吉弗里，阿姆多克斯公司

卡利亚·哈姆林，个人数据生态系统联盟

威廉·海斯，Mydex

特雷弗·休斯，隐私权专家国际协会

贝琪·马塞罗，谷歌

米塔·米特拉，英国电信

德拉蒙德·里德，资讯卡基金会

纳斯林·雷萨，思科公司

崎村夏彦，OpenID 基金会

凯文·斯坦顿，万事达卡咨询公司

帕梅拉·沃伦，迈克菲公司

冯·赖特，美国电话电报公司

项目指导委员会

如果没有下列人士做出的贡献，这项工作也是不可能得以完成的。
他们是：

约翰·克利平格，哈佛大学伯克曼互联网与社会研究中心

斯科特·大卫，高盖茨律师事务所

马克·戴维斯，微软

罗伯特·法布里坎特，青蛙设计

菲利普·莱德勒，STL Partners

阿莱克斯·彭特兰，麻省理工学院

法比奥·塞尔吉奥，青蛙设计

西蒙·托伦斯，STL Partners

引言

我们正迈向一个"网络世界"（Web of the World），通过移动通信、社会技术和传感器将人、互联网和物理世界连接起来。[1] 我们是谁、我们认识谁、我们在哪里、我们去过何处以及我们计划去哪里等数据内容都可以被收集记录起来。挖掘和分析这些数据可以从个体、群体和全球

层面使我们理解甚至预测人们的关注点及其他们的活动位置。

"个人数据是互联网的新石油，也是数字世界的新货币。"

——欧盟委员会消费者权益保护事务委员梅格莱娜·库内娃，2009年3月

个人数据是由人产生并与人相关的数字型数据，它将会创造新一波的经济和社会价值。由于收集到的个人数据涉及个人概况和人口数据，涵盖了银行账户信息、医疗记录、就业数据等方面，所以具有巨大价值。我们在互联网上的搜索和网站访问，能够反映出我们的偏好，也记录了购物的历史。我们的推文、文本、电子邮件、电话、照片和视频以及我们在现实世界的位置坐标，等等。这一数据列表还会不断增加。企业收集并使用这些数据，以支持可货币化的个性化服务交付业务。

政府利用个人数据，更有效地提供公共服务。研究人员利用这些数据，加快新药和新治疗方案的研发。最终用户可享受免费的个性化消费体验，如互联网搜索、社交网络或获得购买建议。

这仅是个开始。个人对其个人数据的收集、管理和共享方式的控制力的提高将激发大量新的服务和应用程序。正如一些人所说，个人数据将成为新的"石油"即21世纪的宝贵资源。个人数据也会成为一个触及社会方方面面的新资产类别。个人数据代表了后工业社会的发展机遇。它具有前所未有的复杂性、快速性和全球性。利用无处不在的通信基础设施，个人数据将出现在所有人和所有事物都实时连接的世界中。这既需要以高度可靠、安全和可用的基础架构为核心，又要以强劲的创新为基础。利益相关方需要接受新兴生态系统所具有的不确定性、模糊性和风险。这使得个人数据在许多方面类似于一个生命体，需要新的适应和反应方式。最重要的是，需要一种新的方式来看待"个人"。事实上，重新看待"个人"非常重要，因为这是其根本特性，同时这也会促使人们找到新的解决方案和方法。

随着个人数据日益成为创新和价值的关键来源，不同业务领域的界限正在被重新划定。大量利润也正在转向那些能主动挖掘并自动利用连

续生成的大量数据的企业。[2]然而，最终将创造多少价值，谁将从中受益，这些我们尚不得而知。监管、商业和技术方面潜存的问题高度复杂，且互相依存、不断变化。

未来的发展也面临着风险。个人数据使用方面的快速技术变化和商业化进程，正在削弱最终用户的信心和信任，二者紧张关系也在加剧，滥用个人数据的担忧同时也在持续增加。此外，公众对"他们"了解我们的情况这一事实，普遍感到不安。[3]有关隐私、财产、全球治理、人权的基本问题，基本上是围绕哪些人应该从基于个人数据的产品和服务中受益，这些问题是个人数据发展的主要不确定因素。

然而，我们不能只是点击"暂停按钮"，以期待这些问题自行解决。我们需要建立法律、文化、技术和经济基础设施，以便能够发展一个平衡的个人数据生态系统，这对改善世界面貌尤为重要。

正是在这种背景下，**世界经济论坛**于 2010 年启动了一个题为"重新思考个人数据"的项目。这个为期多年的项目期望整合不同的利益合作方，包括私营公司、公共部门代表、最终用户隐私和权利小组、学术界和行业专家。其目标是加深个人数据生态系统演变过程的理解和共识。该项目旨在：

- 建立一个以用户为中心的框架，以确定使用个人数据的机会、风险和协作响应；
- 在进行案例和试点研究的过程中，促进丰富、协作的知识交流；
- 制定一套全球指导原则，以帮助建设平衡的个人数据生态系统。

执行摘要

个人数据：社会经济经济发展的未来机遇

数字化社会所产生的数据量正以惊人的速度增长。据估计，到 2020

年，全球数字型数据量将增长 40 多倍[4]。除了数量庞大以外，数据正在成为一种与资本和劳动力等同的新型"原材料"[5]。随着数据革命时代的开启，数据对商业、科学、政府、娱乐等各个方面将产生深远的影响。

从私营部门的角度看，谷歌、脸书和推特等一些大型互联网公司的快速发展就是建立在个人数据经济的基础上，显示了个人数据收集、汇总、分析和货币化的重要性。

政府机构和公共部门也开始把这些个人数据用于公共事业。许多国家的政府已经成功推出了电子政务措施，以提高各公共机构之间、政府与公民之间的沟通效率。

但是，更为重要的是理解个人如何创建、分享和使用个人数据。全球用户平均每天发送大约 470 亿封（非垃圾邮件）电子邮件[6]，在推特上提交 9500 万篇"推文"，在脸书上平均每月共享约 300 亿篇内容[7]。人们刚刚注意到这种"授权个体"（empowered individual）的影响，然而，因为数据监管、商业和技术问题高度复杂，而且互相依存、不断变化，个人数据的潜力远远不止于提供财富，其价值的挖掘更依赖于许多偶然性的环节。

个人数据生态系统——目前的状态

目前的个人数据生态系统不仅分散，而且效率低下。对许多参与者来说，风险和责任超过了经济回报。但个人隐私问题没有得到充分的解决。监管机构、倡导者、公司都在努力应对复杂的、不合时宜的规章制度。

当前并没有提供支持数字经济健康发展所需要的法律和技术基础设施。而管理仅仅是收集和使用个人数据来实现机构目标的多种解决方案的"大杂烩"，并且受不同管辖规则和监管环境的制约（例如，电信和医疗卫生部门的个人数据系统与银行业的个人数据系统有着不同的用途和适用法律）。

各方利益相关者的需求和利益：

私营企业

私营企业利用个人数据提升效率、刺激需求、建立关系，通过提供服务获得营业收入以赚取利润。但是在这一过程中，为了发展"注意力经济"（attention economy），企业很可能会冒着失去用户信任的风险行事。逾越用户认为的"合理使用"的边界，可能会引发用户的强烈不满，从而给企业品牌带来显著的负面影响。

公共部门

政府和监管机构在影响个人数据生态系统的规模和形态及其创造的价值方面发挥着重要的作用。一方面，监管机构有义务保护公民的数据安全和隐私权。因此，监管机构力图保护消费者免受身份滥用的危害。另一方面，监管机构又会平衡监管与经济增长和公众福祉之间的关系。各国政策制定者都在积极参加旨在加强法律和监管制度的各种讨论。这些讨论将会加强信息披露规则的建立，最大限度地保证最终用户对个人数据的控制，并对不适当的数据使用行为进行惩处。

政府机构正在利用个人数据为卫生、教育、福利和执法等提供服务。因此，公共部门是个人数据领域的积极参与者，是数据生态系统的推动者和塑造者，同时也为个人、企业和经济体创造巨大的价值。

个人

个人对个人数据的行为和态度是各不相同的。从人口统计学的角度看，对于透明度、控制权以及从各类个人数据中提取价值的能力，不同的个体有着不同的需求（见图 A.1）。根据国际数据公司（International Data Corporation，IDC）的数据，2010 年，个人的直接或间接行动产生的数字型数据达到全年全部数字型数据的 70% 左右。其中，发送电子邮件、拍数字照片、打开手机或者在线发布内容等活动产生了巨量的数据。

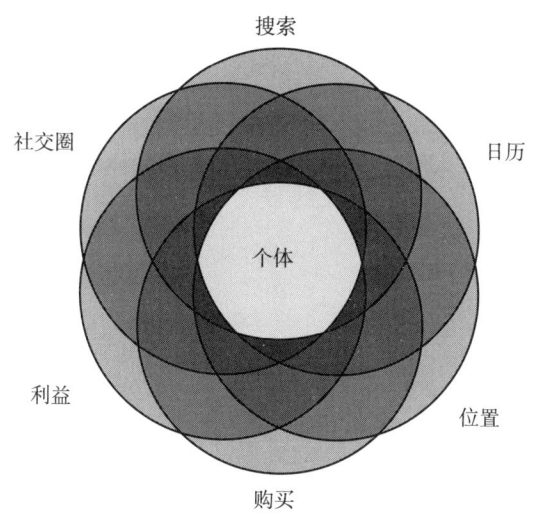

图 A.1　最终用户个体处于各种个人数据的中心

资料来源：戴维斯、马克、雷恩·马丁内斯和克里斯·卡兰布基斯。"重新思考个人信息——研讨会预读。"Invention Arts 公司和世界经济论坛，2010 年 6 月。

年轻人更愿意在第三方平台和社交网络上共享数据。随着年龄的增长，他们的行为是否会保持不变或变得更加规避风险尚待观察。老年消费者似乎更加保守，倾向于要求服务商提供更加安全的服务[8]。个人也越来越意识到不加以控制其数字身份和个人数据就会有不好的后果。到 2010 年，报告的身份盗用案件数量激增了 12%[9]。

前进之路：个人数据生态系统

主要利益相关者（员工、私营企业和公共部门）必须相互支持。通过创造相互支持的激励机制，提高集体效率，以及降低集体风险的方式进行创新以此实现"三方共赢"。

我们的未来：

- 个人可以更好地掌控自己的个人资料、数字身份和在线隐私，为他人提供个人资料可获得补偿；
- 公司和政府机构持有的个人数据更容易实现数据交换，以增加员工、私营公司和公共部门的效用和信任；
- 政府将以更加灵活、全面、可适应的方式来维护社会稳定、国家安全和个人权利的需求。

在实际操作过程中，每个人的数据就相当于他们的"金钱"，被存储在一个账户里。账户的主人可以记录、控制、管理、交换自己的个人数据，就像今天的个人银行账户操作一样。

不同的服务机构之间可以相互操作，以便与全球其他服务机构和个人进行数据交换。作为一项基本要求，这些服务机构应当在高度可信的技术和法律基础设施上运行。这需要高水准的监控，来保证整个系统的完整性、保密性、透明度和安全性。

以最终用户为中心：建立个人数据生态系统的决定因素

协调好利益相关者的利益、实现个人数据生态系统，其关键因素是以最终用户为中心。在服务和体验共同创造和价值交换的过程中，最终用户是重要的独立利益相关者。信息经济时代不再等同于工业化时代的"消费者"模式，当时各种关系是可以被获取、开发和拥有的。而"以最终用户为中心"的信息时代以前所未有的方式将各种类型的个人数据整合到了一起，这就把最终用户放在四个关键原则的中心。这四个关键原则是：

- 透明度：个人希望知道自己的哪些数据正在被获取，是怎样被获取的或者怎样被推断出来的，数据将用于何种目的，以及何人能够访问这些数据；

- 信任：个人深信访问个人数据的应用程序、系统和服务提供商包含了可获性、可靠性、完整性和安全性的属性；
- 控制：个人有效管理其个人数据共享程度的能力；
- 价值：个人要理解使用他们的数据所产生的价值，以及因被使用这些数据而获得补偿的方式。

复杂的业务、政策和技术问题会一直存在，这需要公司和公共部门的领导层相互协调。以用户为中心的数据生态系统前景广阔，同时也面临极大挑战。企业、政策制定者和政府必须解决一系列关键问题。

对于私营企业来说，有哪些具体的经济激励措施来"赋予"个人对其数据使用方式更大的选择权和控制权？行业内部和跨行业部门加强合作的动机是什么？如何使个人数据使用的收益超过其技术、法律和品牌信任方面的风险？

政策制定者也需收集、管理和存储一些特别的数据，比如用于国防、安全和公共安全等方面的相关领域。他们需要权衡次序：鼓励投资和创新时，如何确保政府的稳定和安全？如何定义最终用户有关个人数据的权利和权限？以及他们如何更有效地澄清责任？如何在全球范围内推广问责制和正当程序的概念？

集体行动的五个领域

关于个人数据（包括政治数据、技术数据和商业数据）的问题是复杂多样的。利益相关者今天做出的选择将在未来几年内影响个人数据生态系统，这就需要就以下五点要求而采取行动：

1. 围绕以用户为中心和信任进行创新。个人数据生态系统，要求个人数据共享必须建立在信任和控制的基础上。从技术、政策和社会的角度来看，所有利益相关者都需如此。特别重要的一项工作是继续测试和促进"信任框架"的构建，探讨在互联网范围内保护个人身份的创新办法。

2. 定义使用和共享个人数据的全球原则。鉴于在个人数据的使用和交换方面缺乏全球公认的政策，国际上的利益相关方应推进建立以用户为中心的个人数据生态系统的核心原则。

试点项目应邀请不同的个体发表看法。这些个体不仅要能够阐明最终用户的价值、需求和愿望，而且还能够揭示个人数字身份的复杂性和背景方面的细微差别。

3. 加强监管机构与私营企业之间的对话。对于建设均衡的数据生态系统的基本原则，公共和私人利益相关方应当基于共识，在数据生态系统开始形成时就积极合作。负责构建和部署的人员（技术人员）应与制定规则的人员（监管人员）更密切地保持一致[10]。建立能够使利益相关方制定、采用和更新标准化规则的流程，来帮助建立基本法律和基础设施。

此外，在政策制定者更新立法以解决与身份和个人数据有关的重要问题时，我们必须与他们合作，这一点至关重要[11]。

4. 关注互操作性和开放性标准。有了适当的用户控制和法律基础设施，个人数据在价值链中流动的方式创新将成为创造社会和经济价值的关键驱动力。保证基础设施（在法律上和在技术上）安全、可信、可靠和开放是至关重要的。参与者应找出最佳实践者，并遵循以用户为中心扩大个人数据价值的办法，与标准机构、倡导组织、智囊团和各种联盟进行合作。

5. 持续地共享知识。对各个主体而言，与新的研究、政策和商业发展趋势保持一致，无疑是一个巨大的挑战。为了与时俱进，利益相关方应分享他们对其相关活动的经验教训。因为数据生态系统的前景价值巨大，而这些价值是在个人共享身份信息和掌握信息时创造出来的。显然，这一原则也应适用于研发社区的从业人员[11]。在美国，网络空间可信身份国家战略（NSTIC）、联邦贸易委员会和商务部最近的事态发展值得关注。在欧盟，各公司应与欧盟委员会合作，修订欧盟隐私指令，并在各成员国之间实现立法同步。

信任与数据

第一部分：个人数据生态系统：综述

个人数据不断发展并提供多方面的机会

在"随时随地"都可以彼此连接的时代，越来越多的人开始以前所未有的方式连接到互联网。最近的一项估计显示，未来 10 年内，将有超过 500 亿台设备连接到互联网，这其中有很多是以无线方式连接的（见图 A.2）。[12]预计到 2014 年，移动网络上的全球流量每年都会翻一番[3]。

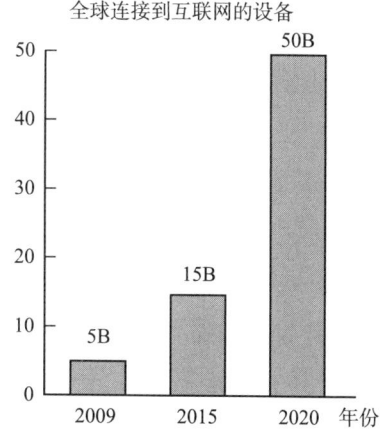

图 A.2　到 2020 年，将有超过 500 亿台设备连接到互联网

资料来源：爱立信、英特尔。

可以创建、处理和分析的数字记录的类型和数量都将继续大幅增加。到 2020 年，国际数据公司（IDC）估计全球数字记录数量将增长 40 多倍（见图 A.3）[14]。随着这些设备和软件不断上线，它们将生成越来越多的个人数据。个人数据一词有几个含义，但我们广义上将其定义为"融合数据"（data son 或者 data person）。[15]个人数据是一种数字记

录，它记录着个人所做的每件事和这种数据通常呈现的各种形式。个人数据目前主要包括下列几类（不完全，今后会越来越多）：

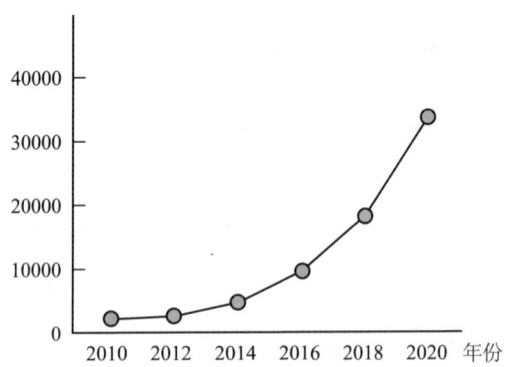

图 A.3   到 2020 年，数字记录将是 2009 年的 44 倍

- 数字身份（例如姓名、电子邮件地址、电话号码、实际地址、人口统计信息、社交网络档案信息等）；
- 健康数据（既往病史、医疗仪器记录、处方和医疗保险）；
- 机构数据（政府、学术和雇主数据）；
- 与其他人和组织的关系（在线简历和联系人列表）；
- 现实世界和在线环境、活动、兴趣和行为（位置、时间、点击、搜索、浏览器历史和日历数据的记录）；
- 通讯数据和日志（电子邮件、短信、电话、即时消息和社交网络帖文）；
- 媒体制作、使用和分享（文字、音频、照片、视频和其他形式的媒体）；
- 财务数据（交易、账户、信用评分、实物资产和虚拟物品）；记录用户的活动（与志愿者用户的数据相比）。例如，互联网浏览偏好，使用手机时的位置数据或电话使用行为。

此外，各个组织可以通过多种方式获取个人数据。这些方式包括：[17]

- 当个人通过电子媒体分享个人信息时，数据是个人"自愿"提供的。

例如，当某人创建社交网络档案或输入用于在线购买的信用卡信息时。

● "观察到的"数据是通过记录用户的活动获取的（与"自愿"获得的数据相对照）。这类例子包括互联网站浏览获取的偏好数据、使用手机时的位置数据。

● 根据对个人数据的分析，组织也可以识别来自个人的"推测"数据。例如，根据对个人历史财务记录相关的多个因素进行计算，获得信用评分。

自愿提供、观察或推断的每种类型的个人数据（见图 A.4）可由多个源（设备、软件应用程序）创建，由各种提供商（互联网零售商、互联网搜索引擎或公用事业公司）存储和聚合，并针对不同用户（最终用户、企业、公共组织）的不同意图进行分析。

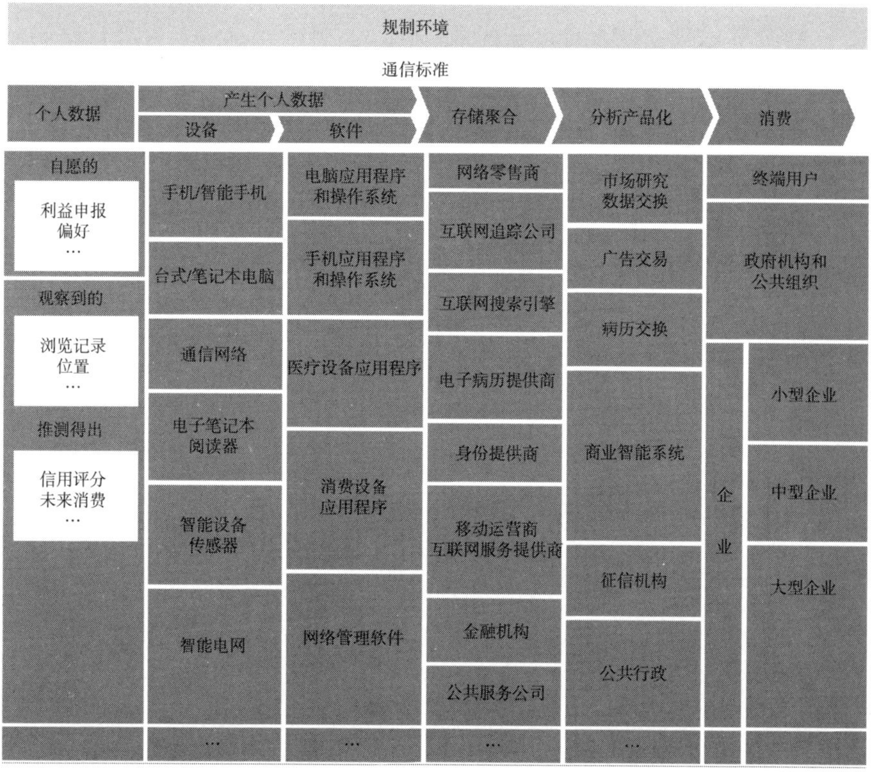

图 A.4　个人数据生态系统：从数据创建到数据消费的复杂互联网

资料来源：贝恩咨询公司。

这些利益相关方包括个人最终用户（个人数据的来源和主题）及其互动的各种实体。其中，这包括不同行业的企业以及政府机构、非政府组织和学术界等公共部门实体。个人数据在监管范围内流在这一生态系统中流动，最终促成货币价值和其他价值的交换。

紧张点和不确定性

虽然不同来源所产生的数据具有巨大的价值，但它往往仍未得到完全开发。要充分挖掘数据潜力，就必须妥善处理当前的不确定性和紧张点：

- 隐私：个人隐私需求因人而异。政策制定者在制定立法和条例时面临着复杂的挑战；
- 全球治理：缺乏全球法律互操作性，每个国家都在发展自己的法律和监管框架；
- 个人数据所有权：产权概念不容易扩展到数据上，给使用权的建立带来挑战；
- 透明度：无论是过速呈现透明度，或者过于透明，还是太过不透明，都会破坏个人数据生态系统稳定性；
- 价值分配：在更公平地分享价值之前，需要更加明确地说明什么才是每个利益相关方真正的价值。

隐私

隐私仍然是一个受到公众高度关注的、复杂敏感的问题，它涉及多个方面。围绕着如何看待和界定隐私的复杂性，政策制定者在试图解决与背景、文化和个人偏好有关的各种问题时遇到了挑战。[18]在技术进步越来越快的背景下，对于"隐私"，生活在不同国家、不同商业环境和社会环境中的人们有着不同的观点，这些都增加了问题的复杂性。[19]许多国家的政府正在起草各自的法律和条例来解决隐私问题，但彼此不同的法律和条例所导致的各种模糊性和不确定性，可能会阻碍投资和创新。

全球治理

政策和立法不仅在国家内部不断变化，而且在不同国家和地区之间也存在着很大的差异。事实上，有两个主要问题仍然没有达成全球共识：法律和监管框架应涵盖哪些与个人数据有关的问题？如何解决这些问题？虽然目前已经存在一些跨国协定，例如美国和欧盟之间的安全港协议，[20]但是，就个人数据生态系统而言，要提出一个能在全球范围内普遍接受的观点，可能还需要数年时间。而这种分裂的局面正在阻碍个人数据的全球利用。

围绕着如何看待和界定隐私的复杂性，政策制定者在试图解决与背景、文化和个人偏好有关的各种问题时遇到了挑战。[18]而技术变革的速度又增加了这种复杂性。

个人数据所有权

"谁拥有数据"和"所有权意味着什么"是与个人数据相关的两个最复杂的问题。这些问题看似简单，大多数人会凭直觉判断他们拥有自己的数据，因此，他们应该有权控制谁可以访问、使用、聚合、编辑和共享这些数据。然而，事实上并不一定如此。例如，个人不会"拥有"自己的犯罪记录或信用记录。患者的某些医疗记录必须由医疗服务提供者保存，即使这些患者可以访问并与其他人共享该记录信息。谷歌和亚马逊这样的公司汇集了数百万用户的搜索和购物记录，这些公司是否拥有在这些点击流的基础上建立起来的专有算法呢？

鉴于数据的流动性和个人数据生态系统仍处在早期阶段，许多人认为，把重点放在权利管理、问责制、适当程序和形成"可互操作"法律准则等问题上会更有成效。不太可能有简单一致的办法，更可能的情况是，不同类别的信息（财务、健康、政府记录、社会等）会获得不同程度的保护，就像"前数字"（pre-digital）世界中的情况一样。所有这些解决办法都需要平衡个人隐私权与重要参与者（例如执法人员和医务人员）在必要时获取关键信息的合法需求。此外，还需要为与数据可移植性、互操作性和易于实施的控制面板相关问题制定切实可行的解决方案，提供给消费者设置和监控的访问权限，以克服当前环境中日益增加的摩擦。

透明度

大多数最终用户仍然不知道他们在互联网上被标记、被跟踪了多久。很少人能意识到自己不知不觉间被泄露了多少数据，这些数据是如何被使用的，这些数据中的哪些已经为人所知。一些企业认为解决方案在于"坦白"：简单地提高个人数据使用方式的透明度。但这种方法不仅不能解决最终用户的隐私和信任问题；对于许多组织来说，这通常会给其业务模式带来风险。

当客户突然发现他们信任的产品或服务品牌是如何收集和使用他们的个人数据时，他们往往会愤怒地做出反应，而不会因为透明度而原谅企业。同样，公民们也担心专制政权利用个人信息进行操纵和控制。只要透明度的风险大于回报，个人数据生态系统就容易受到周期性的极大冲击。

价值分配

个人是其数字活动的生产者、创造者和所有者这一概念，引发了一个问题：如何公平地交换价值？答案取决于个人数据市场结构等变量、所需的公共教育数量、确保公平补偿所需的全球治理条例，以及确保执行问责制和正当程序的法律准则。

个人数据交换的演变及其可能产生的政治授权程度，也存在着不确定性和紧张状况。一些国家政府可能会把"有权利的公民"（empowered citizens）视为对政府议程的破坏性威胁。显然，我们需要在不同的社会、文化和政治规范背景下，理解以用户为中心的概念。

在职者和破坏者（Incumbents and disrupters）

在过去的几十年中出现了"监管拼凑"（regulatory patchwork）的情况，与竞争激烈的全球市场的需要和技术的发展速度不相适应。个人数据生态系统由原有参与者和新参与者组成；监管框架通常针对的是既定的业务模式，其发展速度总是慢于新的颠覆性模式出现的速度。

所以，从监管的角度来看，新的个人数据服务出现所处的环境是不一致的。拥有既定业务模式的公司（拥有庞大客户群、传统投资和可信品牌的公司）通常拥有大量客户数据，但在其用于商业目的方面受到法律限制。鉴于此，原有参与者通常对市场持保守的态度，并持续关注责任不明确和法律不一致等问题。

另外，许多新的服务和应用程序在方法上更具创新性，并且通常以个人数据为重心。根据定义，这些服务和应用程序往往不在传统法律限制的范围之内，他们的创新常常处在合法的边缘。一个越来越令人担忧的问题是，对既定业务模式的监管监督与新商业理念之间的差距越来越大。另外，目前的法律和监管机构十分关切利益相关方如何系统地适应创新的速度、数据生态系统的复杂性和个人影响的规模。网络通信服务的单一业务或技术变革可能会立即影响数亿人（如果不是数十亿人），而政策制定者和监管者的了解和实时适应特定风险的能力则并不确定。随着时间的推移，对于谁可以把某些形式的个人数据用于商业目的这一问题，人们意识到对其过度监管和不平等看法，都可能会造成私营企业参与者之间的不平衡。

不平衡的数据生态系统的风险

充分挖掘数据潜力的关键，在于要使影响个人数据生态系统的各个利益相关方达成平衡。利益相关者（企业、政府和个人）在利益之间缺乏平衡，可能会削弱价值而不是创造价值，从而破坏个人数据生态系统的稳定。如果任何一组利益相关方在数据生态系统中发挥了过多的作用，以下结果就可能会出现。

私营企业不平衡的风险

随着个人数据成为数字经济的主要货币，由于其能创造竞争优势，所以使用个人数据的情况会增加。如果不考虑其他利益相关者的需求，企业寻找创新的方法来收集、汇总和使用数据，最终可能会陷入"逐底竞争"（race to the bottom）的境地，从而想出更复杂的"诡计和陷阱"来获取个人数据[21]。这种不受限制的个人数据挖掘会疏远最终用户，并可能造成强烈的反弹[22]。

公共部门不平衡的风险

为了迎头赶上前所未有的数据激增，各国正在修订其法律准则、政策和条例，但这可能会造成过度监管而无意中扼杀了价值创造。另外，个别国家可能试图单方面采取行动，保护本国公民免受潜在伤害。由此造成的各国在政策上的不明确和不一致可能会减缓创新和投资。

最终用户不平衡的风险

在没有政府和企业参与的情况下，最终用户可以自行组织和创建非商业性的个人数据使用方法。虽然有一小部分敬业的个人可以与同维基百科、Linux 具有相同影响的非商业产品进行合作，但资金有限、不安全和缺乏治理的问题仍然存在。随着时间的推移，在全球范围内管理个人数据的挑战，可能会令人越来越不知所措。

协调利益，为所有利益相关者创造真正的"共赢"状态，虽然这是一项挑战，但却是可以实现的。解决方案在于制定政策、激励和奖励措施，以激发所有利益相关者（私营公司、政策制定者、最终用户）参与个人数据创建、保护、共享和价值创造的积极性。私营企业和公共部门可以通过创建一个基础架构来实现组织和技术之间安全高效的数据共享，从而使他们的利益关联得更加紧密；也可以通过开发保护个人数据、验证其内容和完整性以及保护所有权的机制，把最终用户聚集到公私伙伴关系中。当最终用户开始分享其个人数据所创造的价值时，他们会获得更大的共享信心。

为了使这种良性循环得以发展，个人数据生态系统中的利益相关者需要重新定义角色和机会。更大程度的相互信任可以增加信息流、创造价值，并降低诉讼和监管成本。随着时间推移，所有利益相关方都应当认识到，衡量成功的共性标准是数据生态系统的总体增长，而不是某一特定参与者的成功。这种平衡的数据生态系统的决定性特征是最终用户的选择。由于能够在供应商之间轻松切换，所以供应商之间的竞争会导致最终用户的控制权的加强，并帮助他们区分不同的信任框架和服务提供商。

未来潜力：平衡的个人数据生态系统场景

如果政府、私营企业和个人的需求得到适当平衡，个人数据生态系统会提供什么？

以下是 2018 年的可能场景

黛安是两个十几岁女孩的母亲，也是自己父亲的看护人。她对科技并不太精通，但她会利用一些社交网络与朋友和家人联系。作为家庭护理的中心成员，黛安与一些服务联系在一起，使她的家庭能够安全、健康并且信息通畅。

让黛安的脚步焕发春天的活力①

黛安最近把她的运动鞋升级为无线联网的运动鞋,这款产品把她每天走路用去的时间都转化为有价值的数据点。她的医疗保险提供商鼓励她,要通过认证的信用累计体系进行锻炼。由于数据泄露风险极小,步行可以直接转化为药品、食品和其他费用的折扣,不仅可以用于她自己,也可以用于与她健康储蓄账户相关联的父亲和女儿。

黛安可以更好地照顾她的亲人,这是一个比让她自己健康和幸福更强大的动力。最初的储蓄也使她的孩子能够有规律地步行。过去稀疏平常的事情现在变成了一个游戏,整个家庭都在积极的步行挑战中相互竞争,同时也为每个人提供更好的医疗保健。

透明度——数据使用情况披露。

控制——选择参与,并立即反馈奖励余额。

信任——由健康、金融和其他领域服务提供商的身份联盟进行认证。

价值——数据收集提供的折扣,可用于多种不同需求。

轻松、安全②

自从《个人数据保护和便携性法案》(*Personal Data Protection and Portability Act*)生效以来,黛安对身份盗用的老问题就不再那么担忧了。2014 年,政府通过了一项立法,赋予公民对其数字信息更大的控制权和透明度。她的雇主提供了一个经认证的私人《数据 + 完整性计划》,该计划可以监测并确保她整个家庭的个人数据,而且会随着工作岗位进行转移。在父母教师协会认可的 TeenSecure 网站上,黛安看到女儿的社交

---

①② 资料来源:青蛙设计研究,2010 年。

习惯，这让她感到更加放心。全面的活动总结和警报系统，意味着黛安不再会感觉像间谍一样，监视她的孩子，调查每一个新的社交网站。由社会可接受、可信任的来源管理、跟踪和保护黛安女儿的访问。

黛安收到简单、方便的月度报表，其中包括了她的活动和存储数据的价值。各种零售商在假期期间提供优惠券和折扣，这有着额外的好处，因为黛安可以将零售商的一些活动数据用作第二货币，以换取这些优惠券和折扣。

透明度——单视图就可以掌控监视家属全部活动。

信任——政府和消费者权益保护组织的支持。

价值——安心和存储数据的价值。

当黛安的父亲因阿尔茨海默氏症的早期症状而进入托管护理所时，她的保险公司对她父亲的服药情况进行了控制，推荐了一种与父亲的病情相适应的类似仪表板的在线工具。这项服务是与阿尔茨海默氏症研究基金会以及公共卫生部合作提供的，后者把她父亲的信息和医疗健康记录与她的《数据 + 完整性计划》联系起来。

该计划为黛安提供了按需监控服务、服药依从性跟踪和关于父亲感觉的反馈。她还能密切关注父亲的财务状况。黛安希望通过与他人分享父亲的健康状况，有朝一日能够找到一种治疗方法。与此同时，她亲自拜访父亲并不单单是为了评估他的病情，也是为了和他一起共度时光。

透明度——数据访问权限。

控制——需求的发展增加了访问。

信任——以家庭为中心的数据保护。

价值——可转移的控制。

平衡的数据生态系统的关键推动因素

虽然个人数据平衡数据生态系统的建立需要所有利益相关方做出重大承诺，但有四个关键推动因素是显而易见的：

信任与数据

● 以用户为中心的、易于理解的系统、工具和政策设计方法，重点是透明度、信任、控制和价值分配；

● 加强各方在数字交易中信任的机制；

● 提高现有数据孤岛之间的互操作性；

● 扩大政府的作用，使政府能够利用其购买力帮助打造商业上可行的产品和解决方案，然后由私营企业加以利用。

以用户为中心

以用户为中心的概念是个人数据生态系统的重中之重。随着更多的控制权掌握在个人手中，新的效率和能力就会出现。许多人认为这种权力的转移具有高度破坏性。人们对于是否、如何以及何时可能发生"以人为本"这一问题的看法多种多样。简而言之，向以用户为中心过渡绝非易事。由于文化、地缘政治和体制规范的显著差异，集体制定规则和采取行动并非易事。

在全球范围内，越来越多的人开始认为，迫切需要在线身份确认来加强信任。人们发现跨不同组织管理多个用户名和密码的复杂性越来越高，这带来了很大的不便。另外，随着在线欺诈和身份盗用行为的持续增加，人们要求更确切地知道他们正在与谁进行互动。

由于与个人和各种机构建立了安全可靠的在线关系，以前不可用的信息孤岛也可以融入个性化解决方案中。强调个人身份认证的一个市场正在形成。事实上，虽然互操作身份服务提供商的数据生态系统提供的基于市场的解决方案是安全的、易于使用的，但这样的解决方案仍处于早期开发阶段。[23]随着越来越多的服务（特别是医疗和金融服务）可以在线使用，用来确定谁可以在线使用这些服务的基础设施成本会继续攀升。为可信任数字身份向第三方付费的数额很可能也会继续增加，因为这些服务降低了欺诈成本和提供附加增值服务的风险[24]（参见最终用户原则）。

信任与数据

信任促成者

通过与主要隐私倡导者、监管专家和商业领袖的访谈和讨论，大家达成了共识，即信任是从当今互不相同的个人数据海洋中创造价值所必需的另一关键要素。不能建立信任，特别是最终用户的信任，惠及所有利益相关方的个人数据生态系统就将永远不会存在。

最终用户原则

如表 A.1 所示，信任是实现数据生态系统良性循环的润滑剂：它促使利益相关者参与其中，反过来，利益相关者的参与又推动了价值创造过程。要使这种良性循环向前发展，相互信任必须是所有关系的基础。增进信任可以使信息流、共享和创造的价值得到增加，还会使诉讼和监管成本降低。

表 A.1　　　　　　　　　　　最终用户原则

透明度	信任
什么是理解透明性的有意义方法？谁为用户提供了镜头？ 人们自然期望有权利查看，并了解正在被捕获的关于自己的数据。 如果这项权利得不到尊重，他们就会觉得受到了欺骗和剥削。当人们通过自己的个人数据看到自己的所作所为，就会开始感觉到一种人际关系和所有权，并萌生对控制的渴望。然而，人们努力形成的是一种在本质上支离破碎的抽象精神模式。 这就产生了一个挑战：不可见的东西必须被揭示出来，变得看得见、摸得着，最终通过不同的访问点把这些东西连接起来。	在建立信任方面，怎样的投资会帮助用户感到舒适，允许他人访问其数据？个人数据很难不被共享。一旦分享，个人数据就获得了自己的生命。 考虑到意外后果的风险，人们严重依赖信任来指导他们的决策。但是信任是如何形成的呢？对于不同类型的数据存在不同的信任阈值。虽然大多数人接受一定程度的风险，把它看作获得某种东西的机会成本，但好处往往与焦虑和恐惧相结合。 这种焦虑和恐惧会继续限制个人数据的潜在价值，直到大规模采用能够建立和证明信任关系的可理解模式。

信任与数据

续表

控制	价值
影响用户如何控制其数据的主要参数是什么，以及如何适应不同的背景？ 人们自然希望控制与自己有关的数据，而且这些数据通常由他们自己创建的。可以通过三种方式进行控制： （a）通过直接显式选择； （b）通过间接定义规则； （c）委托代理。 人们对某一特定情况的感知将决定他们是否选择行使控制权。经验中更加微妙的品质（如反馈、便利性和理解）将决定他们如何选择行使这种控制。	必须采取哪些措施来确保今天创建的数据在未来成为互利的资产？个人数据的价值是非常主观的。许多业务模式已经出现，它们鼓励并利用这些数据的流动性。 消费者愈发意识到自己所生成数据的价值，即使是在普通的交互中（比如在谷歌搜索中），其数据也具有价值。 虽然直接个人数据具有固有价值，但通常可以挖掘和解释次要推断数据，来创造具有相同或更大价值的新信息。这种信息汇总和未经检查就进行传播的长期影响是未知的。 今天的数字行为可能短期内在整个数据生态系统中会产生积极的分布价值，但将来可能对最终用户产生有害的后果。

提高互操作性和共享个人数据

推动个人数据的交换和"流动"以一种经过认证的安全、可信的方式进行，是非常重要的。今天，在私营和公共组织及司法管辖区之间共享个人数据并不容易。这是由于技术、法规和业务等综合因素的限制。几十年前的隐私法律和政策不可能把个人数字型数据视为一项宝贵的资产。因此，不充分的立法使得有关个人数据使用的标准并不一致。

此外，许多组织仍在使用专有、封闭环境中创建的旧式技术系统和数据库。结果，今天的个人数据通常被隔离在孤岛中，受到组织、数据类型、区域或服务边界的限制，每个孤岛都侧重于有限的一组数据类型和服务。为了实现全球规模，需要建立既有弹性又可互操作的技术、语义和法律基础设施。美国网络空间可信身份国家战略指出了身份解决方案的三种互操作性[25]：

- 技术互操作性——不同技术根据定义明确且广泛采用的接口标准

进行数据通信和交换的能力；

- 语义互操作性——每个端点传递数据并使接收方按照发送方的意图理解消息的能力；

- 法律互操作性——与传输、接收和接受标准，现有试点以及与行业和宣传团体协作相关的业务策略和流程（例如身份验证和审核），可在较短的时间内实现功能上的互操作性。

必须强调的是，要求互操作性并不等同于只与标准机构合作。在许多情况下，制定并达成标准的时间太长。通过利用开放协议、事实标准、现有试点以及与行业和宣传团体的协作，可以在较短的时间内实现功能上的互操作性。尽管存在这种"对速度的需求"，但个人和计算基础设施的可靠性、完整性和安全性都是不可低估的。私营企业广泛支持分享个人数据方面的合作，这会提出极高的技术、法律和业绩要求。

政府的推动作用

各国政府在加速平衡的个人数据生态系统的增长方面发挥着重要作用。其影响主要表现在三个方面。

首先，政府在打造数据生态系统中可能存在的法律和监管环境方面发挥主导作用。这是一个具有挑战性的角色。在国家层面，要求监管机构在保护消费者与创造有利于创新、增长和创造就业机会的商业环境之间取得平衡。除此之外，许多全球行业参与者正在求助国家和地区的监管机构，以协调指导方针，加速建立全球平台。

其次，各国政府积极参与正在进行的关于如何利用个人数据生态系统实现重要社会目标的实验，例如向公民提供更有效率和划算的服务，在流行病成为疫情暴发之前阻止流行病，以及利用数据挖掘技术加强国家安全。

最后，也是最重要的，政府可以为从安全协议到最终用户界面和数据可移植性选项的所有内容编写规范。成功的项目可以作为创新解决方

信任与数据

案的案例和主要参考。在把个人数据用于政府服务和目标方面获得的实际经验，加之与供应商在谈判中获得的见解，可以增强监管审议的实用性，这对各方都有利。政府能够对可利用的商业解决方案产生重大影响。

第二部分：利益相关方信任与信任框架

要实现利益相关方的高度信任，就需要一套法律和技术架构来管理数据生态系统内参与者之间的互动。信任框架的概念正在成为个人数据生态系统平衡进行扩展的一种越来越有吸引力的手段。信任框架由特定组（"信任社区"）选择的文档规范组成。这些法律、合约和政策是建立身份系统所选择的技术基础。规范确保了系统的可靠性，这对于在数据生态系统内创建信任至关重要。

可信任框架模型

开放式身份信任框架模型（OITF）就是一个工作示例。根据互联网规模构建，该模型为依赖方和最终用户之间的信任提供了单一登录环境。该模型解决了最终用户和依赖方与互联网如何进行交互的两个问题：

- 用户名和密码的激增；
- 依赖方无法核实其他实体的身份。

大多数人都可以联想到第一个问题。几乎每个网站都要求访问者建立用户名和密码，并且总是要求共享诸如姓名、地址和信用卡信息等个人数据。这既不方便，又不安全。网站把我们的个人数据放在我们与之交互的每台服务器上，增加了数据可能被泄露的可能性。

信任框架解决的第二个问题是在线身份缺乏确定性。在当今的大多数互联网交易中，用户和依赖方都不完全确定对方的身份。这为身份盗用和欺诈创造了巨大机会。2009 年，北美发生的欺诈事件，使得在线收入损失了 30 多亿美元。[27] 其中，约 5.5 亿美元是美国消费者的个人损失。[28] 如果有一个更丰富、可扩展和更灵活的身份管理系统，这些损失就可以降低。

模型定义了以下角色（参见图 A.5），支持互联网上的身份管理：

● 政策制定者决定了自身所管理的集团之间交换身份信息的技术、业务和法律要求；

● 信任框架提供商把这些要求转换为信任框架的组成部分。然后，他们根据信任框架的规范对提供身份管理服务的身份验证提供商进行认证。最后，信托框架提供商聘用负责审计和确保框架参与者遵守规范的评估员；

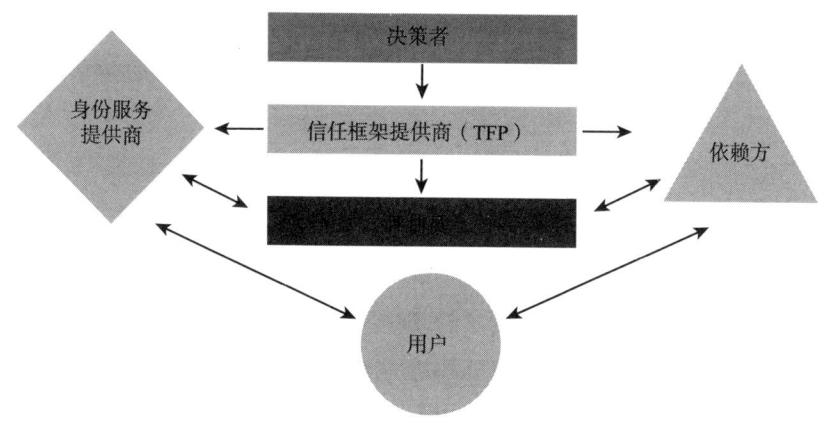

图 A.5　开放式身份信任框架模型

资料来源：开放式身份信任框架。

● 身份提供商为个人用户签发、验证和维护在线证书。依赖方接受这些证书，并得到身份提供商分析和验证个人用户的坚定保证；

● 评估员评估身份提供商和依赖方，并证明他们能够遵循信任框架提供商的蓝图。

在这种信任框架模型中，最终用户可以使用身份提供商发布的单个证书访问多个站点（依赖方）。就网站而言，它们可以对与之进行交易的个人的身份放心。这种审查类似于汽车租赁代理人如何相信司机能够合法地操作汽车，因为司机拥有有效的驾驶执照。

有了这种框架，用户只需与依赖方分享不太敏感的个人数据。他们不再需要输入姓名、地址和信用卡信息来购买网络服务。使用信任框架，他们可以通过共享最小数据量来完成交易。在某些情况下，这可能仅仅等于核实向依赖方转交资金的可用性。

个人数据服务

信任框架模型加强了隐私，更加方便的无缝网络体验也为最终用户带来了好处。但是这些优势可以通过个人数据服务和供应商关系管理（VRM）的相关概念进行扩展。

个人数据服务提供了一种安全的方式，最终用户可以通过该方式存储、管理以及让他人共享自己的个人数据，并从中获益。这些数据涵盖了个人的偏好和兴趣等自我属性以及个人的年龄、信用评分或从属关系以及与公司、政府机构等外部实体的历史等管理和验证属性（见图 A.6）。

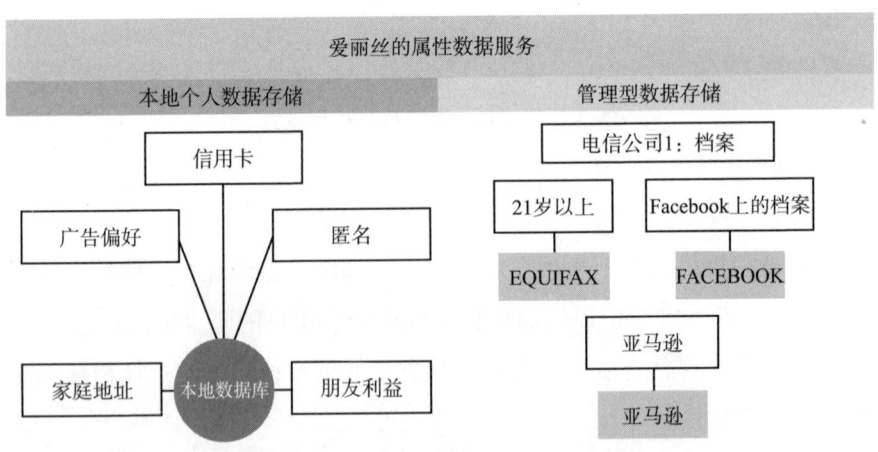

图 A.6　个人数据服务存储最终用户的数据，提供使他们能够管理、

共享个人数据并从中获益的应用程序[29]

资料来源：Eclipse 基金会。

个人数据服务整合了最终用户的数字身份，使他们能够控制第三方是否有权进行访问，以及访问方式、时间和价格等。供应商关系管理把这一控制从个人数据服务提供商存储和管理的个人数据扩展到实现直接价值（货币或实物）的领域。这些新概念有助于建立利益相关方的信任，为最终用户和依赖方带来更多好处。事实上，一些有望成功的试验已经在进行中。然而，还需要更多的测试，以解决这些概念可行性方面悬而未决的问题。

可信任框架的主要不确定性

信任框架和个人数据服务仅仅是刚刚起步的概念。尽管鼓励美国和英国的先驱，但他们需要进一步改进和测试，才能实现他们的愿望。迄今为止，测试主要集中在需要相对较低保证水平的网站上，例如那些能够发表博客和提供新闻内容的网站。这些网站需要部署在包含更多高风险交易（如登录到银行账户）的环境中。只有这样，支持者才知道这些想法是否能达到互联网规模。

身份提供商和依赖方的业务模式也存在风险和不确定性。虽然许多私营企业（安客诚、美国在线、花旗银行、艾奎法克斯、谷歌和贝宝）已经开始在这个领域开展工作，但经济状况并不明晰。[30]

从依赖方的角度来看，向以用户为中心的模式过渡的好处仍在不断显现。使用这种新方法，依赖方会被约束在免费收集的数据上，并需要开始为最终用户数据付费。虽然有些人认为，对个人的综合、整体看法更具有价值，但对依赖方愿意分享的内容与依赖方从用户为中心的整体角度获得的新见解和效率之间的差别，人们并不清楚。然而，网上欺诈和减少风险的成本可能足以使依赖方认真考虑参与一种更具协作性的模式。2009 年，在线欺诈占网络零售商收入的 1.2%[31]。

最后，建立最终用户意识是另一个不确定性。企业如何向个人传达有关个人数据管理的优势？首先，公司必须充分了解个人数据仪表板的便利性、价值主张、背景细微差别和可用性。因此，需要进一步调查为最终用户提供便利、背景相关和简化数据控制的应用程序和服务。

第三部分：结论

个人数据在数量和类型方面会继续大幅增加，并有可能为最终用户、私营企业和公共部门带来巨大的经济和社会价值。塑造新兴的个人数据生态系统的商业、技术和政策趋势是复杂的、相互关联的和不断变化的。然而，一个既能最大限度地发挥经济和社会价值，又能在所有利益相关方之间分配财富的未来数据生态系统，不仅是可取的，而且显然是可能实现的。目前，为了实现这一愿望，行业和公共机构必须采取协调一致的行动。

领导人应考虑在以下五个领域采取步骤：

围绕以用户为中心和信任的创新

我们今天的立场

关于如何通过允许所有利益相关方信任个人数据的完整性和安全性来共享个人数据，现在已经有了新的概念。

这种信任框架的例子包括开放式身份信任框架和坎塔拉的身份保证框架。然而，真正大规模的信任框架应用程序尚未推出。因此，我们仍然不确定如何利用个人数据，同时又保持利益相关者的利益一致。还有一些问题没有得到答复，例如：利益相关方参与信任框架的动机是什么？什么是业务模型机制？谁将为身份提供商的服务付费？

提出的要求及理由

互联网业务模型的复杂蓝图通常以迭代步骤实现。例如，小额银行业务部门通过连续的变革在网络上发展。信任框架需要在大规模应用程序中进行类似的压力测试，以证明这些概念有助于创造经济和社会价值。而且，最终用户参与测试和开发这些信任框架也尤为重要。信任框架在如何使用个人数据方面提供更大的透明度。就最终用户从应用程序获得好处对最终用户进行教育（这是当今的数据生态系统中缺乏的两个领域），会大大增强所有利益相关者之间的信任。

建议的后续步骤

私营公司和政策制定者应考虑采取以下步骤：

- 投资于最终用户隐私小组或学者策划的公开和协作试验；
- 把围绕最终用户信任和数据保护的原则纳入新服务和平台的开发（"设计隐私"的概念），特别是在设计新的"电子政务"平台时；
- 与领先创新者和最终用户宣传小组合作，探索进一步应用和发展国际公认的以用户为中心原则。

此外，还有一组公认的信任框架条款。

定义使用和共享个人数据的全球原则

我们今天的立场

由于不同的文化、政治和历史背景，与隐私有关的法律执法和警察执法在各法域之间差别很大。试图调整这些政策的努力基本上失败了，[32]但需求仍在增长。许多互联网服务，特别是基于云计算交付模式的互联网服务，需要跨辖区的个人数据进行交换才能以最佳水平运行。

提出的要求及理由

目前监管框架分歧的不利之处表现在以下几个方面。首先，致力于基于个人数据提供产品和服务的公司，看到了与法规遵从性相关的巨大复杂性成本。由于这些成本，他们可能会选择不在某些较小的市场提供产品和服务，因为在这些市场上做生意的成本可能超过增量利润。选择退出的决定显然损害了无法访问服务的用户。不太明显的是，具有访问权限的用户也会受到伤害，因为其中许多服务的价值随着用户数量的增加而增加。

如果没有一套国际公认的、以用户为中心的原则，就不会出现真正全球性和无缝的个人数据交换。另外，必须围绕个人数据概念创建一组普遍接受的术语和定义（分类），允许进行无阻碍的对话。尽管希望制定全球公认的标准和框架是不切实际的，而且国家和地区版本仍然处于重大变化之中，不过一旦监管环境开始稳定下来，建立一个常规的跨区域对话会更加快速的协调一致。对于私营企业的公司来说，必须至少参加其中一些对话，因为它们可以就处理不同条例的成本和挑战分享现实世界的观点，还可以帮助公共部门官员建立务实、一致的政策。

建议的后续步骤

政策制定者和私营公司应发起一次国际对话，随时了解拟议法律和政策对其市场产生的全球影响。这样的对话应包括各国政府、世界贸易组织等国际机构、最终用户隐私权团体和私营企业的代表。它不仅应包括美国和欧盟成员，而且应包括亚太地区和新兴国家的各个相关方；机构的产出包括商定的基准，以衡量国家规章的效力及其对自由市场的影响。事实证明，这对于发掘和传播最佳实践至关重要，这些最佳实践最终可指导制定协调一致的国家政策。

加强监管机构与私营企业之间的对话

我们今天的立场

今天的数据隐私法源于 20 世纪 80 年代初雄心勃勃的原则，这些原则反映了一种共识，即需要制定标准来确保个人隐私和信息流动。[33]但在过去 20 年里，这些原则在美国、欧盟和亚太地区的国家政策中得到了截然不同的体现。尽管这些法律大多旨在最大限度地提高数据保护和个人控制力度，但考虑到技术进步，许多专家对其实际有效性提出质疑。因此，一些政府，如美国和欧盟，正在修订其政策。

提出的要求及理由

参与"重新思考个人数据"项目的主题专家和高管一致认为，对所有利益相关方来说，与个人数据有关的市场自我监管并不是一个理想的结果。相反，国家和地区机构必须采取 21 世纪的数字政策，推动所有市场参与者的有利行为。

建议的后续步骤

● 在美国：私人公司应密切关注网络空间可信身份国家战略计划和隐私法案的发展，并寻求为之做出贡献的途径。私营企业和宣传团体需要与美国商务部、联邦贸易委员会和其他机构不断对话，协助制定未来的立法和政策。

● 在欧洲联盟：私营企业应与欧盟委员会合作，修订欧盟隐私指令，使其成员国的立法得以同步。经修订的欧盟隐私指令通过欧盟委员会网站进行一段时间的公开磋商后，定于 2011 年 1 月生效。[34]

● 在其他国家：在文化或社会规范与美国或欧盟不同的其他地区，采用政策框架时，需要截然不同的途径。然而，鉴于许多此类市场在未来数字经济中具有全球相关性，私营企业和政策制定者不应只是等待和观望。取得进展的第一步，可能是寻求方法来协调支离破碎的国家隐私政策。例如，在亚洲的起点可能是《亚太隐私宪章》倡议。自 2003 年以来，该倡议旨在调整隐私政策，促进该地区监管和立法框架的最佳实践。

关注互操作性和开放性标准

我们今天的立场

描述和共享个人数据的语法和语义标准有很多种。这些标准中的大多数都是专有的，通常是在没有与行业同行进行更广泛协商的情况下临时创建的。虽然一些开放性标准正在出现，例如，在数字身份领域，标准包括 ISO/IEEE、Mozilla 和 OIX，但许多其他数据类型，特别是新数据类型仍没有标准。互联网的历史表明，开放性标准可以显著提高数据可移植性。20 世纪 80 年代，简单邮件传输协议（SMTP）的出现，取代了各种专有的电子邮件标准[35]。

提出的要求及理由

如果我们假设创造经济和社会价值的最大潜力在于不同个人数据类型的汇总，其意义是明确的：为了能够跨组织边界无缝共享个人数据，私营公司和公共部门将需要共同的通信标准、系统架构、公认的个人数据术语和定义，以及标准接口设计规范。

建议的后续步骤

私营公司，特别是信息通信技术部门的私营公司，应参与旨在协调当今各种标准的倡议。开放网络基金会就是一个这样的例子：它帮助公司定义了普遍接受的标准，避免了竞争僵局；[36] 私营公司和公共机构应利用从正在进行的信任框架和相关服务试点测试中获得的知识，为 IEEE 等标准化机构提供信息；为了形成势头，公司和公共组织应关注正在进行的对话，确定最有价值的个人数据类型，并把标准化工作重点放在第一类数据上。

不断共享知识

我们今天的立场

感兴趣的赞助者就个人数据生态系统的不同方面持续举行大量会议、活动、网站活动，公共部门和私营部门开展讨论，在博客网站上发表文章。即使对于活跃的对话参与者来说，跟上最新的发展和研究也是一种挑战。一些平台旨在整合这一正在进行的对话，但尚未达到私人和公共利益相关方的临界数量。

提出的要求及理由

目标是要及时、公正地汇总关于成功和不成功计划的关键见解。这将有助于分享从采用新的个人数据服务到开展进一步研究活动的经验教训。

建议的后续步骤

- 私人企业应在组织中指派一名核心把关人，积极参与个人数据对话。该人的权限不仅涵盖隐私，而且包括商业发展和战略观点。

● 私营和公共部门的代表应该投资于联合经营的组织，该组织能够促进真正的全球个人数据对话。该数据对话才是一个跨越行业和地区的对话。鉴于私营公司日益倾向于跨国经营，它们有责任向各自的政府施加压力，使其在全球范围内进行思考。

术语词汇表

最终用户

本术语是指个人消费者、公民或创建个人数据的人。最终用户还能够通过相关服务、应用程序和技术参与个人数据的使用和扩散。最终用户通常由消费者权益保护组织（如美国公民自由联盟）在广泛、公开的范围内代表。

以最终用户为中心

"以最终用户为中心"是指围绕最终用户重视的关键原则组织个人数据生态系统的规则和策略：数据捕获的透明度、对数据共享方式的控制、对他人使用数据方式的信任以及由此带来的价值。

身份提供商

身份提供商为个人用户签发、验证和维护在线证书。依赖方接受这些证书，可以可靠地保证身份提供商已按照规定分析和验证了个人用户。

人[37]

人可以被定义为自然人、法人或数字角色。自然人是指具有单独身体的具体人（例如，约翰·史密斯）。法人是指被视为具有自然人的许多权利和责任，特别是具有起诉和被起诉（例如 John Smith and Associates，LLC）能力的一群人或实体（如公司）。

法人包括各种各样的法律实体，包括公司、合伙企业、有限责任公司、合作社、市政当局、主权国家、政府间组织和一些国际组织。数字角色（或身份）可以理解为一组关于某人（要么由他们自己，要么由另一个人）声明的数字表示，（例如 JohnSmith @ Gmail. com 或者 JohnSmith @ Facebook. com）。请注意，自然人可能具有多个数字角色。

个人数据

我们广泛地把个人数据定义为与所识别或可识别的一个或多个个人相关的数据和元数据（即关于数据的数据）。我们的定义基于欧盟指令95/46/EC。可以通过多种方式创建个人数据，包括：（1）由个人创建和明确共享的自愿数据（如社交网络档案）；（2）通过记录个人的动作而捕获的观测数据（如当使用移动电话时的位置数据）；（3）推断数据，是关于个人的数据，主要基于自愿或观察到的信息（如信用评分）的分析。

隐私[38]

"隐私"一词有两个单独的含义。"隐私"一词在公众中的使用非常广泛，它几乎用来指与个人数据有关的任何事情，更广泛地说，是指在与群体关系中个人的感知权利。其法律含义狭窄得多。在美国国内法里，隐私指的是宪法权利（由法院解释）和若干针对侵权行为的具体权利。针对隐私侵权行为的权利主要基于普通法（即与法规相对的案例），通常被归类为包括对孤独的保护，并已经发展为包括对"人格"的保护。

隐私侵权行为的"诉讼事由"一般被认为是为了防止四种不法行为对隐私权的侵犯。这包括（1）他人为商业利益（通常是商品促销）盗用某人的照片或姓名；（2）侵犯个人私事或隐居生活（如果对理性自然人有异议）；（3）公布使个人处于虚假状态的事实（例如，公开把某行为或言论归因于某人，但事实上，该人没有做出该行为或发出该言论）；（4）公开披露关于某人的私人事实。公共含义和法律含义有一个共同点：它们都与受影响人"免受伤害"有关。

私营企业（或企业）

在个人数据生态系统的范围内，"私营企业"是指参与个人数据捕获、存储、分析和共享的营利公司和私营组织，目的是开发和货币化相关服务和应用程序。私营企业参与者不受规模或行业集团的限制：他们是直接操纵个人数据以获得明确财务收益的任何私营实体。

公共部门（或机构）

在个人数据生态系统的背景下，公共部门是指参与立法和政策批准过程，以规范在各自管辖范围内获取和使用个人数据的政府（及其机构）和非营利性公共组织。公共部门实体还参与捕获和存储个人数据（例如社会保障信息），以及开发相关服务和应用程序。

依赖方

在信任框架中，依赖方通常是依靠个人数据作为核实其客户或合作伙伴身份的手段的企业或组织。如果没有可核实的可靠信息，这些交易可能充满风险，包括欺诈风险。

可信任框架

在在线和数字交易的背景下，信任框架是参与者（例如，最终用户、依赖方或身份提供商）为了得到信任，必须遵守的策略和规则的形式化规范。这些政策包括身份、安全、隐私、数据保护、技术配置文件和评估人员资格方面的要求。这种信任可能受到不同程度的保障或保护，这一点已明确向所有各方表明。[39]

世界经济论坛是一个独立的国际组织，致力于通过让商界、政界、学术界和其他社会领导人参与制定全球、区域和行业议程来改善世界状况。世界经济论坛成立于 1971 年，总部设在瑞士日内瓦，是一个中立的非营利组织；该组织与任何政治、党派或国家利益无关。

世界经济论坛 91 – 93 route de la Capite CH – 1223

科隆/瑞士日内瓦

电话：+41（0）22 869 1212

传真：+41（0）22 786 2744

电子邮件：contact@ weforum. org

附录 B 一个具有重要意义的世界：动员数据革命促进可持续发展

世界经济论坛

本报告是联合国秘书长"数据革命促进可持续发展独立专家组"（Independent Expert Advisory Group on the Data Revolution for Sustainable Development，以下简称 EAG）提出。该专家组的成员包括：恩里科·乔万尼（共同主席，意大利）、李彦宏（共同主席，中国）、T. C. A. 阿南特（印度）、沙伊达·巴蒂耶（伊朗）、卡门·巴罗佐（巴西）、陈罗伯特（美国）、崔顺洪（大韩民国）、尼古拉斯·德考德斯（比利时）、傅海山（中国）、约翰内斯·居廷（德国）、帕利·莱霍拉（南非）、蒂姆·奥赖利（美国）、桑迪·彭特兰（美国）、拉凯什·拉贾尼（坦桑尼亚）、朱莉安娜·罗蒂奇（肯尼亚）、韦恩·史密斯（加拿大）、爱德华多·索约·加尔扎·阿尔皮佩（墨西哥）、加布里埃拉·武科维奇（匈牙利）、艾丽西亚·巴塞纳（拉加经委会）、罗伯特·柯克帕特里克（全球脉动）、伊娃·耶斯佩森（联合国开发计划署）、凯特尔·乐·古尔旺（联合国儿童基金会）、托马斯·盖斯（当然成员）和阿米纳·J. 穆罕默德（当然成员）。

IEAG 对在线上、纽约和日内瓦组织的面对面会议上以及独立专家组成员出席的其他会议期间做出贡献的个人和组织表示感谢。感谢，联合国开发计划署、国际开发部、联合国全球脉动、欧洲经济委员会、联合国秘书处（包括经社部、会议部、管理事务部和秘书长办公厅）、联合国千年运动、联合国非政府组织联络处、微软和联合国基金会的资助。

我们非常感谢来自世界各地的帮助和建议，特别是穆罕默德·阿卜杜拉希、尤利亚·安东诺娃、勒内·克劳森·尼尔森、乔·科伦坡诺、玛丽-安歌·迪盖、贾斯普雷特·杜恩、塔拉·多拉特沙希、埃连诺埃·福涅尔坟墓、凯亚·约翰逊、伊娃·卡普兰、凯特·克鲁基尔、保罗·拉德、永益敏、惠子·奥萨基-托米塔、安娜·奥图比亚、保罗·帕切科、马蒂亚斯·赖斯特、斯特凡·施魏因菲斯特、弗朗西斯·辛普森-艾伦、科林·伍兹和吴外兰等人。

独立专家咨询小组秘书：克莱尔·梅拉米德。

研究小组：路易斯·冈萨雷斯·莫拉莱斯、许玉洁、詹妮弗·普尔、本杰明·雷、伊恩·卢瑟福。

撰稿人：独立专家咨询小组秘书处。

版权所有：独立专家咨询小组秘书处。

想要了解更多信息，请访问：www. undatarevolution. org。

执行摘要

动员数据革命促进可持续发展

数据是决策的生命线，也是问责的原材料。

若没有高质量数据在适当时间提供关于适当事物的适当信息，设计、监测和评估有效的政策几乎是不可能的事。新技术正导致可用数据的数量和类型呈指数级增长，这为向社会提供信息改造社会以及保护环境创造了前所未有的可能性。

各国政府、公司、研究人员和公民团体正在对新数据世界进行试验、创新和调整。在这个新世界里，数据比以往任何时候都数量更大、传递更快、描述更详细。这就是数据革命。

有些人已经生活在这个新的世界里了。但是由于缺乏资源、知识、能力或者机会，太多的人、太多的组织和政府被拒之门外。在获取数据和信息以及使用数据和信息的能力方面存在着巨大的、日益严重的不平等。

数据需要改进。尽管近年来该能力取得了相当大的进展，但所有群体的人数并没有被计算，人们生活和环境的重要方面也没有被衡量。对人来说，这可能会剥夺基本权利，对地球来说，可能会导致环境持续恶化。现有数据因为发布得太晚或者根本就没有发布，往往未被得到利用、记录和协调，或者做决策时所需的数据详细程度不可利用。

在世界开始实施雄心勃勃的项目以实现新的可持续发展目标（SDGs）之际，迫切需要为所有人和整个地球发起数据革命，以监测进展情况、让政府担起责任、促进可持续发展。更多样、更完整、更及时和更可信的信息可以催生更好的决策和实时的公民反馈；反过来，又会促使个人、公共机构和私营机构以及公司能够做出对自身和所生活的世界有利的选择。

本报告阐述了数据革命为可持续发展带来的主要机会和风险。抓住机会、减轻风险特别需要政府和国际机构做出积极的选择。如果不立即采取行动，发达国家与发展中国家之间、信息丰富者与信息匮乏者之间以及私营企业与公共部门之间的差距会拉大，伤害风险和侵犯人权的现象将会增加。

紧急呼吁采取行动：重要建议

联合国的有力领导对这一进程的成功至关重要。2014 年 8 月成立的独立专家咨询小组（IEAG）向联合国秘书长提出了若干关于近期采取行动的关键建议，概述如下：

就原则和标准达成全球共识

公共、私营和民间的数据以及统计提供者所处的不同圈子迫切需要集合起来，在数据用户之间建立信任和信心。我们建议联合国建立一个进程，使主要利益相关方达成"全球数据共识"，采用关于法律、技术、隐私、地理空间和统计标准的原则，以促进开放和信息交流并保护人权。

为共同利益共享技术和创新

为了建立分享技术和创新并将其用于共同利益的机制，我们提议建立一个全球"数据创新网络"，汇集该领域的各个组织和专家。这将有助于采用最佳实践，改进对可持续发展目标的监测能力，查明公共数据基础设施可以解决能力问题和提高效率的领域，鼓励协作，找出研究的关键差距，并激励创新。

信任与数据

能力发展的新资源

改善数据本身就是一项发展议程，因其可以改进现有资源的关键目标，并刺激产生新的经济机会。只有通过新的投资，并加强能力，才能克服现有差距。2015 年 7 月亚的斯亚贝巴举行了"第三次发展筹资问题国际会议"，该会议提出应该支持促进可持续发展的数据革命的新资金流；并对投资规模、能力发展和技术转让进行评估，特别是低收入国家；对利用私营企业资源的机制提出建议；还要资金来实施一项旨在提高人民、信息中介和公务员能力以及数据素养的教育方案，从而打破人与数据之间的障碍。

协调和动员的领导层

一个由联合国牵头的"全球可持续发展数据伙伴关系"已经被提出，其目的是调动、协调行动和机构，促使数据革命为可持续发展服务，进而推动提出若干倡议，例如：

- "可持续发展数据世界论坛"汇集了整个数据生态系统，共享数据改进、创新、宣传和技术转让方面的想法和经验。第一次论坛应在商定可持续发展目标后，于 2015 年底举行。

- 可持续发展目标数据全球用户论坛可以确保数据生产者和用户之间的反馈循环，帮助国际社会设定优先事项并评估结果。

- 为数据共享建立重要的全球公私伙伴关系。

利用可持续发展目标数据的一些可见优势

建立"可持续发展目标数据实验室"，支持第一批可持续发展目标指标的发展，利用最先进的工具和功能探索数据，开发可持续发展目标分析和可视化平台，从各种数据源构建一个关于"世界状况"的仪表板。

再也不能说"我们不知道"。

任何人都不应该隐形。这就是我们想要的世界——一个具有重要意义的世界。

了解更多关于 IEAG 的组成、职权范围和工作内容的信息，请访问 www. undatarevolution. org。

就可持续发展而言，什么是数据革命？

数据是决策的生命线。没有数据，我们就无法知道有多少人出生和在什么年龄死亡；有多少男子、妇女和儿童仍然生活在贫困之中；有多少孩子需要教育；要培训多少医生或建多少学校；公共资金是如何使用的，效果如何；温室气体排放量是否正在增加，或者海洋中的鱼类种群是否处于危险的低水平；有多少人在从事什么样的工作，哪些公司在交易，以及经济活动是否在扩大。

要了解这一切，更多的是要系统地努力工作才能发现。这意味着要寻找高质量的数据，用来比较一段时间内国家之间和国家内部的结果和变化，而且要年复一年持续地这样做。这就需要仔细规划，在技术专长、强大的系统和日新月异的技术上投入资金。使得提供数据，建立公众对数据的信任，扩大人们使用数据的能力，进而使他们的需求成为这些过程的核心。

自 2000 年以来，对千年发展目标的监测刺激了投资的增加，改进了监测和问责数据质量。因此，人们现在对世界状况，特别是世界上最贫穷人口有了更多的了解。但是，尽管取得了这一重大进展，我们仍然面临着一些存在巨大的数据和知识差距的重大挑战，许多人和群体仍没有得到统计。这些差距限制了政府采取行动以及与公众真诚沟通的能力。例如，在埃博拉暴发数月后，仍很难知道有多少人死亡，或者死亡地点在哪里。

当前风险仍在上升。2015 年，世界要开展一项更加雄心勃勃的倡议，即以可持续发展目标为基础的新的发展议程。要实现这些目标，就需要对社会、环境和经济挑战采取综合行动，重点是包容各方、参与性的发展，不要让任何一方掉队。这反过来又需要大幅度增加个人、政府、民间社会、企业和国际组织可获得的数据和信息，以规划、监测和担负起对各自行动的责任。许多国家的政府、机构和个人需要大幅度提高提供和使用这类数据的能力。幸运的是，这一挑战伴随着巨大的机会。

世界上的数据量正在呈指数级增长：据估计，世界上 90% 的数据是在过去两年中创建的。[i] 如图 B.1 所示，传统数据源（以登记的家庭调查数量表示）和新来源（每 100 人移动电话用户）的数量都在增加，开放度也在加深（在线调查数量）。

信任与数据

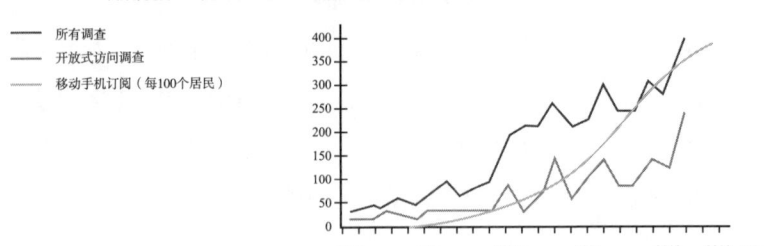

图 B.1　数据增长：数据可用性、数据开放性和手机使用趋势的情况

资料来源：＊国际家庭调查网络（HTTP：//CATALOG. IHSN. ORG/INDEX. PHP/CATALOG）。获取调查数据可用性全球趋势的详细分析，请参阅 DEMOMBYNES AND SANDEFUR（2014），"COSTING A DATA REVOLUTIOM"，CENTER FOR GLOBAL DEVELOPEMNT，工作报告 383 页。

＊＊世界银行（HTTP：//DATA. WORLDBANL. ORG/INDICATOR/IT. CEL. SETS. P2）基于来自国际电信联盟（ITU）和世界电信/信息通信技术指标数据库。

　　由于有了新技术，关于社会、经济和环境的数据的数量、详细程度和速度都达到前所未有的水平。各国政府、企业、研究人员和公民团体正在进行大量的实验和创新，以适应新的数据世界。人类经济体和社会正在适应一个传输更快、更加网络化、更全面的数据世界，同时也要针对由此带来的所有担忧、危险和机遇做出调整。

　　这就是"数据革命"，提供了为改善对决策、责任制和应对发展挑战至关重要的数据的机会。本报告呼吁各国政府和联合国采取行动，通过弥合数据获取和使用方面的差距，即发达国家与发展中国家之间、信息丰富者与信息匮乏者之间以及私营企业与公共部门之间的差距，使数据能够在实现可持续发展方面充分发挥作用。

　　本报告是应联合国秘书长的要求编写的。我们希望，这对成员方、整个联合国系统以及支持联合国和平、人权和发展三大支柱的广大支持者会有所帮助。革命始于人，数据革命也不例外。这份报告不是关于如何发动一场数据革命，因为这场革命已经在发生，而是关于如何调动它来促进可持续发展。这就迫切需要采取行动支持实现可持续发展的这一愿望，避免风险，阻止和扭转日益增长的数据和信息获取方面不平等的现象，确保使全人类从中受益的数据革命承诺得以实现。

定义数据革命

2013 年 5 月，在 2015 年后发展议程上高级知名人士小组的报告中初次提出"数据革命"一词以来，对许多人来说，"数据革命"已变得意义重大。在这里，其意义列举如下：

数据革命的含义是：

• 来自移动电话和"物联网"等新技术以及来自定性数据、公民生成的数据和感知数据等其他来源的数据量、数据生成速度、数据生成者数量、数据传播速度和数据源范围发生了爆炸式激增；

• 社会各界对数据的需求日益增长。

促进可持续发展的数据革命的意思是：

• 将这些新数据与传统数据相结合，产生更详细、更及时和更切合多种用途和用户需要的高质量信息，特别是在促进和监测可持续发展方面；

• 通过增加公开性和透明度来提高数据的效用，避免因滥用个人和群体数据而侵犯隐私和人权，并尽量减少在数据的生产、获取和使用方面的不平等；

• 最终，赋予人民更多的权力，制定更好的政策，做出更好的决定，加强参与和问责制，为人类和地球带来更好的未来。

最大限度地减少风险和增加数据革命的机会

与任何变革一样，数据革命也带来了一系列新的风险，给数据的获取和使用带来了不少问题和挑战，并产生了获取和使用信息方面日益不平等的现象。因此，我们必须化解这些风险。

基本人权必须得到保障：保护隐私、尊重少数群体或数据主权，要求我们平衡个人权利与集体利益。许多新的数据是被动地从人们留下的

"数字足迹"、传感器监测的对象或通过算法推断出来的。人们主动提供的数据与由第三方生成和传递的"海量和被动"数据之间的差距越来越大，加剧了个人和社区的焦虑，其中有些焦虑是有充分理由的。人们对人和环境的了解越多，数据用来伤害而非帮助的风险也相应地越大。

如果人们的行动、好恶、社会交往和人际关系等大量信息被恶意利用，例如入侵银行账户或者对服务进行鉴别，人们就可能遭受物质损失。个人因信息被公开可能会感到尴尬或遭受社会孤立，这虽然不属于物质损失，但也是一种实际伤害。

如果人们与能够获得其数据的机构之间的信任崩溃了，这意味着人们不愿意把自己的数据用于社会利益（如跟踪疾病模式或评估不平等）。这将不利于社会的长远利益。如果未经质量检查的数据用于政策或决策，结果证明是错误的，那么人类和地球也可能在无意中受到伤害。

不平等现象也有不断加剧的风险。数据拥有者和数据匮乏者之间的差距已经很大。如果不采取行动，一个不平等的全新前沿领域将会打开，把世界上的人分成"知道的人"和"不知道的人"。由于语言、贫穷、缺乏教育、缺乏技术基础设施、地处偏远或偏见和歧视，许多人被排挤出数据和信息的新世界之外。

虽然在过去十年中，新技术的使用在各地呈爆炸式激增，但对许多人来说，成本仍然过高。例如，在尼加拉瓜、玻利维亚和洪都拉斯，移动宽带的使用价格超过人均国内生产总值月均水平的10%，而法国和大韩民国则低于0.1%。[ii]信息社会不应强迫人们在食物和知识之间做出选择。

在一些国家，公共部门没有跟上各公司的步伐，这些公司收集、分析和对实时数据做出迅速反应的能力越来越强。富裕国家与缺乏投资、培训和试验资源的贫穷国家相比，从各种可能出现的新情况中获得的利益要更大。

麦肯锡表示，非洲国家在互联网服务的投资和使用上的支出约占GDP的1.1%，不到富裕国家平均支出的1/3。这意味着随着一些地区的加速发展，互联网的普及和使用方面的差距每年都在扩大。[iii]发达经济体在几乎所有数字技术的获取、使用和使用影响等指标上领先于世界其他国家。

信任与数据

这就是革命

让年轻人参与减少灾害风险项目。里约热内卢的青少年利用风筝上的摄像机进行航拍，帮助确定是否有排水渠、是否有卫生设施以及疏散时的潜在障碍。在里约，这已经成功清除了堆积的垃圾并修复了一座桥梁。

资料来源：联合国儿童基金会（http：//www. unicef. org/statistics/brazil_62043. html）。

我们认为，数据革命可以是一场争取平等的革命。更多、更开放的数据有助于确保知识共享，创造一个知情和有能力的公民世界，能够让政策制定者对其行动负责。我们面前有巨大的机会，变革已经发生。但是，如果我们的愿景是利用数据和信息来减少（而不是增加）世界上的不平等现象（见图 B.2），那么我们离实现这一远大目标还有很长的路要走。如果没有深思熟虑的行动，机会就会来得更慢，机会来临时分布更不均匀，风险也就会更大。

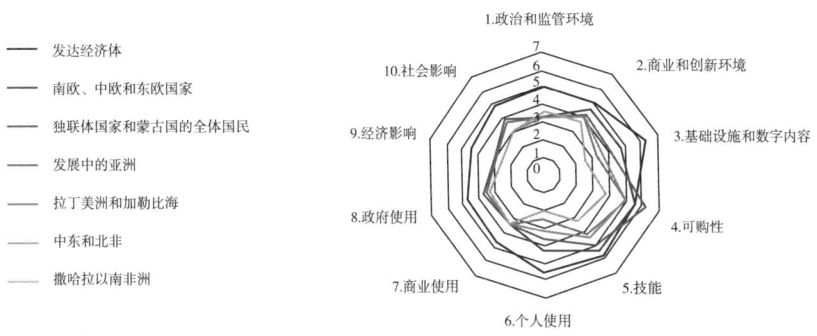

国际家庭调查网络按年份登记的调查数量，这些调查已完成数据收集

发达经济体
南欧、中欧和东欧国家
独联体国家和蒙古国的全体国民
发展中的亚洲
拉丁美洲和加勒比海
中东和北非
撒哈拉以南非洲

1.政治和监管环境
2.商业和创新环境
3.基础设施和数字内容
4.可购性
5.技能
6.个人使用
7.商业使用
8.政府使用
9.经济影响
10.社会影响

注：根据世界经济论坛《2013全球信息技术报告》对地区进行平均评分。

图 B. 2 访问和使用信息通信技术的不平等

信任与数据

各国政府应制定规则和制度，在区域和全球层次与国内利益相关方和多边系统合作，来实现这一愿景。政府的法律制度，是公共利益的最终保障。如果新的数据世界要建立在公众信任和公众契合的基础上，就必须相信各国政府能够且必须发挥这一作用，至少部分是通过制定和执行新规则来实现的。

这就是革命

印度尼西亚当局估计，苏门答腊有 5 万人因 2014 年 3 月的森林火灾而患有呼吸道疾病。几个主要城市实际上封锁了几个星期。环境影响也同样严重，宝贵的森林和泥炭地被烧毁，大大增加了印度尼西亚的温室气体排放量。世界资源研究所（WRi）的全球森林观察网站（gfW）立即提供免费森林火灾数据，使印度尼西亚两大纸浆和纸张生产商亚洲纸浆和纸张（app）和亚太资源有限公司（apRil）能够每天评估他们有限资源的最好部署，以应对土地上的火灾，因为他们要对新加坡政府负责。印度尼西亚也使用了与"数字地球"合作的全球森林观察网站火情观测系统的超高分辨率图像来打击非法焚烧的企业。

全球森林观察网站火情观测系统与印度尼西亚政府的 Karhutla（土地和森林火灾）监测系统，使消防员能够把反应时间从 36 小时降低到 4 小时。

资料来源：世界资源研究所（http：//www.wri.org/our-work/project/global-forest-watch）。

政府应当与前瞻性的、对社会负责的私营机构、民间社会和学术界合作，制定和实施相关的法律法规，以保障个人数据隐私和数据安全，确保数据质量和独立性。只有政府能够平衡公共利益和私人利益，建立激励制度，而不造成无法接受的不平等，采用安全和负责任的个人数据使用准则，并管理能够转让金融和技术知识的国际制度，使最不了解情况的人们和机构了解情况。民选的政府应该对公民的选择和优先事项做出回应。

我们认为，数据革命可以是一场争取平等的革命。人们需要新的机构、新的角色、新的想法和新的伙伴关系，所有这些都可以为数据革命做贡献。美国国家统计局是公共数据的传统维护者，仍然会是政府利用数据革命致力于促进可持续发展的核心。然而，要丰富这一角色，他们将需要改变，并比过去更快地改变和调整，放弃昂贵和烦琐的生产过程，纳入新的数据源，包括其他政府部门的行政数据，并侧重于提供人和机器可读、与地理空间信息系统兼容并可以足够迅速提供的可用数据，以确保数据周期与决策周期相匹配。在许多情况下，人们需要进行技术和财政投资，才能实现这些变革，公共机构和私营企业之间的强有力合作可以帮助官方机构直接转向新技术和新的行事方式。

新数据、医疗服务和疟疾

疟疾是部分发展中国家的最大威胁之一，给卫生系统造成巨大压力。利用新的数据源为规划和政策提供信息，这可以改善服务并减少死亡的发生。

由联合国儿童基金会、世界卫生组织和美国国际开发署支持的乌干达中期审查方案[iv]，使用卫生工作者完成的手机短信系统调查，提醒公共卫生官员注意疟疾的暴发，并让他们知道卫生设施中有多少药品，以便他们能够预测和解决任何药品短缺问题。

在中期审查之前，乌干达卫生部几乎没有卫生设施的书面或电子数据。到 2014 年 3 月，根据中期审查方案，大约 1200 名地区卫生官员、18700 名卫生设施工作人员和 7400 名乡村卫生小组工作人员正在使用该系统。现在乌干达政府正在从数千个医疗设施收集数据，在 48 小时内收集和分析结果，每次调查的总费用不到 150 美元。匿名热线每月平均收到 350 多份可采取行动的报告，其中约 70% 的报告是 2 周内在相关地区成功随访到的。用于治疗疟疾的青蒿素类联合疗法（aCts）库存不足的设施从 80% 降至 15%。

科特迪瓦的研究表明，从长远来看，新的数据源在跟踪和预测疟疾或其他疾病的传播方面也可能发挥作用。明尼苏达大学公共卫生学院把 Orange 公司移动电话网络的通信模式匿名数据与世界卫生组织的疟疾传播信息结合起来，制作了比目前使用的任何模型都更加详细的流行病学模型。这种知识可以用来创造服务，在流行病发生之前，利用移动网络或当地电台通知医生、战地医院和一般公众。在艾滋病、霍乱和脑膜炎的传播方面也开展了类似的工作，如果能够获得数据，人们就可以将数据用于迅速应对新的流行病并采取相应的应对措施。

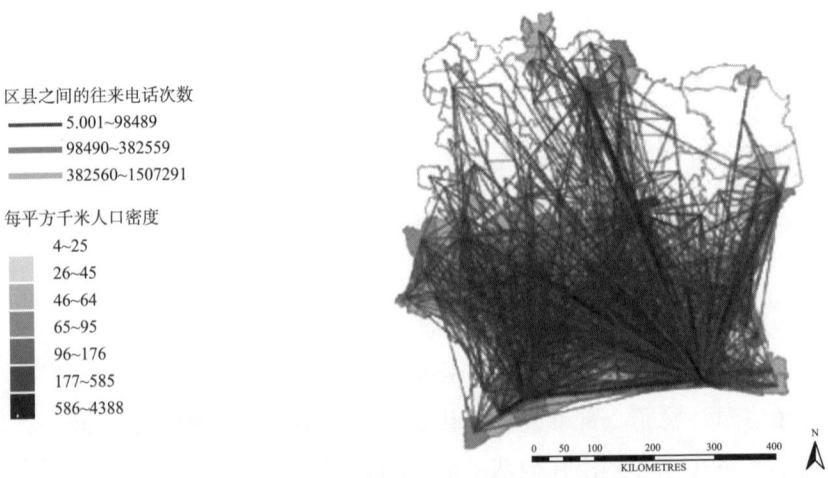

图 B.3   以县区为单位测算的人口密度和往来通讯

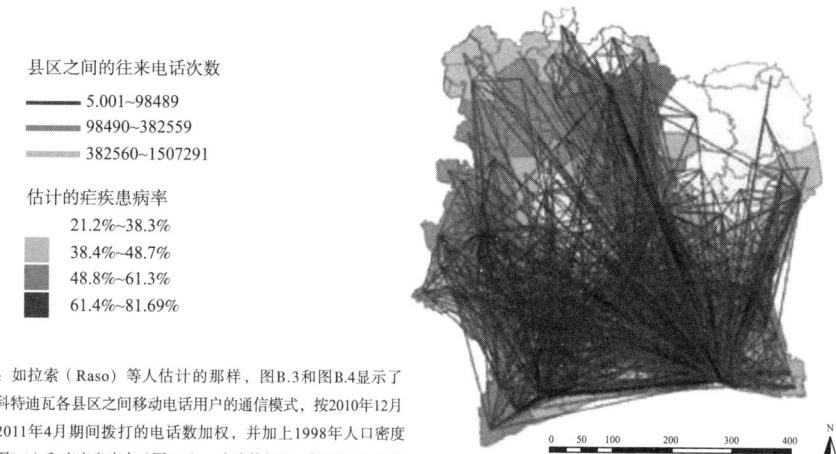

县区之间的往来电话次数

━━━　5.001~98489
━━━　98490~382559
━━━　382560~1507291

估计的疟疾患病率

21.2%~38.3%
38.4%~48.7%
48.8%~61.3%
61.4%~81.69%

注：如拉索（Raso）等人估计的那样，图B.3和图B.4显示了
在科特迪瓦各县区之间移动电话用户的通信模式，按2010年12月
至2011年4月期间拨打的电话数加权，并加上1998年人口密度
（图B.3）和疟疾患病率（图B.4）。为清楚起见，仅显示了5个月
观测期内超过5000次呼叫的变化。

图 B.4　以县区为单位测算的疟疾患病率和往来通讯

促进可持续发展的数据革命

2015 年 9 月，联合国成员致力于为可持续发展的新时代制定一系列雄心勃勃的全球新目标。实现这些目标需要各级政府、民间社会和私营企业以及数百万个人的选择和行动做出空前的共同努力。要实现可持续发展目标，人们就需要监测和问责框架以及执行计划。

为抓住数据革命的机会，我们应坚定地致力于可持续发展目标的行动计划，支持最需要资源的国家，使世界走上前所未有的前进道路，推动新的数据世界变革。可持续发展为什么需要数据革命呢？

虽然近几十年来人类社会取得了稳步和显著的进展，但仍有工作要做，以便更清楚、更及时地了解世界情况。在规划、监测和评价共同实现可持续发展目标的政策和方案的时候，以及在让那些掌握资源权力和做出影响人民生活决定的人担负责任的时候，都要使用这些政策和方案。有两个主要问题需要解决：

● **没有足够高质量的数据。** 在一个数据日益泛滥的世界里，人们对某些人和人类的某些环境知之甚少，这令人震惊。近年来，世界在跟踪人类发展的具体方面，如贫困、营养、儿童和孕妇的健康以及获取水和卫生设施方面取得了巨大进展。然而，有太多国家的数据质量仍然很差：数据到达太晚，现有数据仍然很难涵盖许多问题。

例如，在一些国家，就业数据不可靠，关于年龄和残疾的数据通常不收集，很多数据很难接触到公民，或者直到收集时间过去几年后才能获得大量数据。

图 B.5 概述了千年发展目标数据库（截至 2014 年 10 月）的现有数据，涵盖 157 个发展中国家或地区的 55 项核心指标。

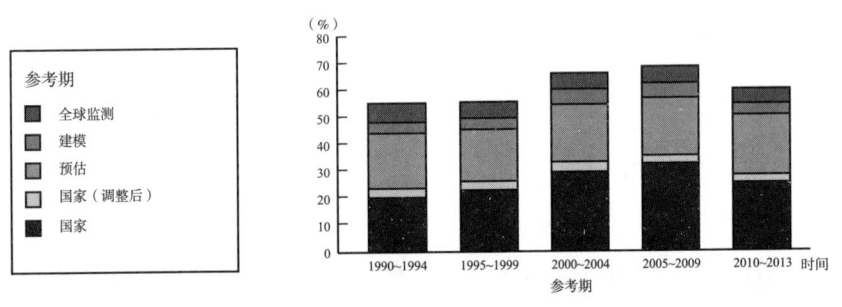

#可用性被定义为在参考期内至少有一次数据观测的国家指标组合的比例。截至2014年10月，数据基于55个千年发展目标的核心指标。

图 B.5　按照数据来源性质发展中国家千年发展目标当前可用数据的百分比

在这种情况下，如果一个国家在参考期内至少有一项观察数据，则该国被视为拥有指标数据，而可用性则根据数据是来自国家还是来自国际数据源，以及数据是经过估计、调整，还是建模、细分[vi]。总的来说，尽管情况仍然很差但正在好转。因此，在五年内，数据可用性不超过所需数据的70%。2010 年以后，数据可用性的下降，表明了数据收集和数据发布之间持续存在时间滞后。

指标之间的数据可用性差异很大。例如，疟疾指标的数据很少，而小学、中学和高等教育入学率，大多数国家和年份的数据相对较好（尽管在跟踪对监测教育结果至关重要的其他指标方面仍有许多工作要做）。

这就是革命

　　与 21 世纪统计促进发展伙伴关系（PARIS21）合作完成的国家统计发展战略制定工作中，卢旺达确定了一些简单但却系统性的改进，这些改进可大大有助于更好地利用证据制定政策。

　　其中一项创新包括：根据政策制定者和企业的需求，把每月的消费者价格指数提前五天发布。人口与健康调查和生活条件调查的公布日期已经更改，以便可以利用这些资料衡量卢旺达的第一个减贫战略，从而可以为下一个减贫战略的规划提供信息。

　　数据调度方面的这些变化增加了数据的有用性，使人们能够根据事实做出更好的决策。

　　资料来源：PARIS21（http://www.cgdev.org/blog/better-data-rwanda）。

　　如果某些个别指标或国家的数据可用性仍然很低，图 B.6 表明，从国家层面看，过去十年来，国家统计系统直接提供数据的能力有了很大提高，这是千年发展目标监测的最大成就之一，也证明了许多国家和国际组织付出了巨大努力。

　　除千年发展目标的指标外，其他差距则令人感到不安。整个群体的人和关键问题仍然不可视。例如，土著居民和贫民窟居民一直被排除在大多数数据集之外；仍然无法确定有多少残疾儿童在上学。

　　在全球范围内，将近 2.3 亿 5 岁以下儿童没有出生记录。仅在 2012 年，就有 5700 万名婴儿（该年全世界每 10 名婴儿中就有 4 名）没有在民事当局登记。[vii] 暴力侵害儿童行为的报告往往不够详细，导致弱势儿童未能得到保护。

　　在国家以下层面的数据，分类往往不充分，使政策制定者或社区很难把其进展与其他社区或整个国家的进展进行比较。例如，在供水方面，对许多家庭调查的分析产生了一个估计数，表明在国家层面，农村地区获得清洁和安全用水，但没有显示各地区的情况有何不同。

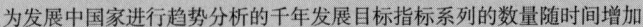

为发展中国家进行趋势分析的千年发展目标指标系列的数量随时间增加

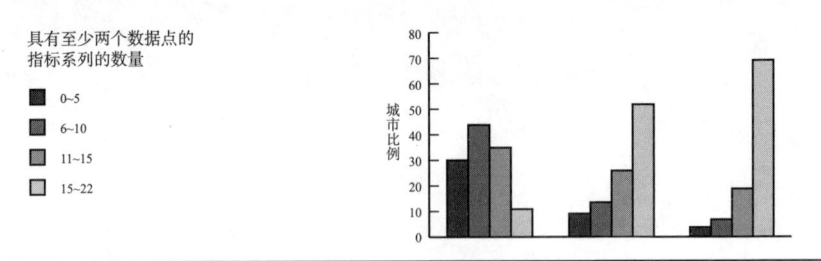

具有至少两个数据点的
指标系列的数量

■ 0~5
■ 6~10
■ 11~15
■ 15~22

城市比例

数据基于22个千年发展目标指标的子集。

图 B.6   随着时间的推移，可对发展中国家进行趋势分析的

千年发展目标的系列指标数目有所增加

资料来源：根据联合国秘书长在 2014 年 3 月 4 日至 7 日期间召开的联合国统计委员会第四十五届会议上所作报告《千年发展目标监测指标》（E/CN. 3/2014/29）的最新数据。

性别不平等和妇女在各个领域的活动和优先事项受到低估，这些情况在统计记录中是重复录入的。妇女最关心的许多问题没有得到现有数据的充分处理；在所有国家中，只有一半以上的国家报告了关于亲密伴侣暴力的数据，在报告质量不一致的地方，很少从 49 岁以上的妇女那里收集数据，数据也不可比较。[viii] 关于家庭内部的货币分配或劳动分工的数据很少；需要提供更多的数据来说明各年龄段照料儿童、老年人和残疾人的妇女在家庭和劳动力中所起到的经济作用。2013 年底，在联合国难民事务高级专员公署（UNHCR）关注的 4290 万人中，该公署只知道其中 56% 的人口性别构成。

- 不使用或不可用的数据。为了更有用，数据必须是高质量的，处于适合当前问题的分类水平上，并且必须向希望或需要使用这些数据的人提供。仍有太多国家的数据质量不足，无法用于决策、要求政府担负责任或促进创新。良好的数据是相关、准确、及时、可获得并可比的，并且在没有政治干预的情况下产生的。

- 可比性和标准化至关重要，因为它们允许来自不同来源或时间段的数据。可以合并的数据越多，数据就越有用。合并数据可以改变规模，例如，汇总来自不同国家的数据来产生区域数字或全球数字。合并数据允许随着时间的推移进行比较，如果在不同时刻收集的关于同一事物的数据能够汇集在一起，就可以揭示趋势。但是，仍然有太多的数据是使用不同标准生成的，比如，提出稍微不同问题的房屋调查，或者使用不同地理定义的地理空间数据。例如，没有关于"城市"地区的标准定义。而且，对于试图就地方层面的分配做出决定或者对各区域公平结果进行监测的政策制定者来说，在分类方面提供的数据太少。这使得研究人员、政策制定者、公司或非政府组织无法实现所产生数据的全部价值。访问也常常受到技术或法律的限制，受到担心透明度过高的政府或公司的限制。所有这些都妨碍或限制了数据的有效使用。

例如，隐藏在 pdf 文档中的数据对于潜在用户来说，使用起来就要困难得多；未转送统计机构的行政数据；由私营企业或学术研究人员产生的数据，但从未公布或公布过晚以致无用；由于缺乏操作工具而无法转化为行动的数据。这是一个巨大的损失，因为本可以从更开放的数据和能够跨不同部门链接数据中获得好处。需要在生成数据时牢记用户。数据提供商往往在识别和吸引能够使用数据推动行动的人员方面投资不足。负责收集公共信息的机构，并不总是很适合于确保利益相关方利用其信息，而民间社会和私营企业可在把数据转化为更易于使用的形式方面发挥了关键作用。

这就是革命

在墨西哥，一个名为 Fundar 的预算研究和宣传小组开发了一个政府农业补贴在线数据库。揭露的问题之一是如何分配数十亿美元的资金。尽管许多农业补贴计划声称以最需要的农民为对象，但数据库显示，一小群富裕农民在一段时间内获得了绝大多数补贴资金（前10%的受益人获得了超过50%的资金）。

这些研究有助于政府决定审查和改变补贴的分配。

信任与数据

我们想要的可持续发展数据

太多需要知道的事情仍然不得而知。数据可以更好地用来改善生活，增加公民掌握自己命运的权力和控制力。数据是一种资源，是推动可持续发展的无穷无尽的创新来源，我们必须学会成为这种资源的有效和负责任的管理者。

与任何资源一样，数据必须为公共利益而得到管理，确保利益流向所有人，而不仅仅是少数人。数据必须是可用的，必须转变成人们可以自信使用的信息，以了解和改善人们的生活以及周围的世界。如果要最充分地利用我们所拥有的数据来实现可持续发展，我们所需要的世界就是一个以下列方式转变的数据世界：

每个人的数据。官方数据收集和管理基础的规则、系统和投资，应侧重于人民的需要，同时保护人民作为信息生产者的权利。这些数据以及从这些数据中产生的信息，应反映出对人们至关重要的东西以及影响他们生活的制约因素和机会。

这一过程应包括所有人，不应遗漏任何人，允许在分析和政策中反映人与群体之间的相关差异和相似性，从而进行分类。规则和标准应旨在减少信息不平等，以最容易理解的格式向所有人提供最高质量的信息。优先事项应当始终是使用数据和信息来改善人们在短期和长期的成果、经验和可能性。[x] 当数据不属于机密时，应当作为公开数据提供使用。必须尊重个人数据的隐私和所有权，建立机制，使人们自己能够获得信息并做出相应的选择。最重要的是，如果人们感到自己因使用数据而受到伤害或权利受到侵犯，就必须有补救手段。

当下的数据。如果要使数据有用并支持良好的决策，就必须在做出决策时或在有机会影响结果时做好准备。及时性和其他质量方面之间的权衡取决于数据的目的。新技术和创新为公共部门、公民团体、个人和公司提供了获得数据的机会，这些数据在适当考虑到隐私、安全和人权的情况下，符合他们自己的决策周期和信息需求（无论何时和以何种方式提供）。要加强政策规划、危机预警、方案运作、服务提供、影响评估和灾害应对。[xi]

未来的数据。 数据不仅是现在决策的关键资源，而且是未来建模和解决问题的关键资源。几乎不可能精确地预测未来的需求，也不可能知道如何把当前的数据重新用于尚不了解或尚未解决的相互关联的复杂问题上。如果数据是相互连接的灵活系统的一部分，而不是与项目或研究问题相关联的话，那么不同时间尺度的数据对于解决未来问题将会是最有用的。

在不同尺度上重复使用并与其他数据相结合的数据，可以更好地反映人与地球之间动态、复杂的相互作用。我们需要今天就开始投资于数据，把数据作为一种共享资源，以实现应对未来挑战所需的创新举措。

我们的愿景

到 2020 年，我们希望看到出现一个充满活力的"全球数据生态系统"，以支持监测和执行可持续发展目标，其中：

各国政府授权公共机构， 包括统计局，保护其独立性，采取必要的变革，以应对数据革命，并建立监管框架，确保强有力的数据隐私和数据保护，促进所有数据生产者开放数据、发布数据，并建设持续数据创新的能力。

各国政府、国际和区域机构以及捐助者 对数据进行投资，向统计或技术能力薄弱的国家和地区提供资源；开发基础设施并实施标准，以持续改进和维护数据质量和可用性；保持数据开放并可供所有人使用。他们还资助前瞻性和实验性课题的分析研究。

国际和区域组织 与其他利益相关方合作，制定和执行数据收集、生产、匿名化、共享和使用的共同标准，以确保新的数据流安全和合乎道德地为全球的公益事业服务，并为所有系统以及所有数据生产者和用户维持质量控制和审计制度。他们还支持各国的能力建设。

信任与数据

统计系统得到授权、资源化并独立地存在，能够迅速适应新的数据世界，收集、处理、传播和使用高质量、公开、分类和地理编码的数据，包括数量和质量数据。他们可能不太关心数据的生成，而更多的是管理组织之外创建的数据和信息。

所有公共、私营和民间社会数据生产者都根据全球、区域或国家代理的协议和规范，共享用于处理自身业务的数据和方法。它们按照全球共同原则和技术标准，以开放格式和开放使用条件公布数据、地理空间信息和统计数据，保持质量和公开性，并保护隐私。

各国政府、民间社会、学术界和慈善部门共同努力，提高公众对现有数据的认识，加强公民、媒体和其他"信息媒介"的数据和统计知识（"算术"），确保所有人都有能力对数据的质量进行投资和评估，并将其用于自身的决策，以及充分参与在信息时代培养公民身份。

私营企业利用共同的全球标准来报告其活动，以综合关于其经济、环境和人权活动及其影响的数据，在制定企业报告标准的机构之间建立并加强协作。

一些公司还根据商定的可持续业务模式，与公共部门合作，为可持续发展目标的监测和其他公共目的编制统计数据。

民间社会组织和个人利用其行动影响的相关证据来追究政府和企业的责任，向数据生产者提供反馈，提高数据素养，帮助社区和个人生成和使用数据，确保实施问责制，并为自己做出更好的决定。

媒体公正地报道关于可持续发展方面的现有统计和科学证据，并利用先进的可视化技术促进以证据为基础的公众讨论，以便更好地向人们传播关键数据。

学术界和科学家根据来自多个来源的数据进行分析，提供长期观点、知识和数据资源，以指导全球、区域、国家和地方各级的可持续发展。他们使人口和科学数据尽可能开放，供公共和私人在可持续发展中使用；提供反馈、单独咨询和专门知识，以支持问责制和更有效的决策，并在教育、外联和能力建设工作中发挥领导作用。

普遍民事登记和生命统计（CRVS）方面的进展

　　一个最根本的不平等是在被计算的人和不被计算的人之间产生的。很多低收入和中等收入国家各年龄段人群被剥夺了基本服务和权利保护，因为他们没有在官方的记录里。由于缺乏出生和公民身份的记录，他们被排挤在医疗保险、学校教育、社会保护方案以及紧急情况和冲突中的人道主义响应之外。运行良好的民事登记和生命统计系统对克服这种不公正现象意义重大。

　　国家和地方持续不断地制定政策及监测人口动态和健康指标，为政策制定、规划和执行提供统计数据，这也是极重要的。这些数据有助于查明获得服务方面的不平等和结果方面的差异。这些统计数据还提高了其他统计数据的质量，如家庭调查这些数据取决于准确的人口基准。一个行之有效的解决方案是通过发布数字身份，使政府和企业能够以电子方式提供公民服务，提高效率，推动创新并为人们服务。通常这个方案适用于偏远地区。

　　尽管近年来取得了一些进展，但许多国家仍然缺乏实施运行良好的民事登记和生命统计系统的能力、基础设施和资源。幸运的是，国际伙伴和国家最近商定了一项为民事登记和生命统计系统扩大投资的计划。[xv]该计划涵盖 2015～2024 年间的活动，目标是在 2030 年之前对出生、死亡、婚姻和包括死因在内的其他生命事件进行普遍民事登记，使所有个人都能获得登记的法律证明。

　　非洲和亚洲已经建立了区域方案，激励政治支持、系统的国家规划和提供技术援助。主要捐助者[xvi]最近宣布设立一个信托基金，支持发展中国家建立民事登记和生命统计系统的计划，旨在加速实现与健康有关的可持续发展目标。

动员数据革命促进可持续发展呼吁采取行动

　　一场革命是一个想法，也是一个为公共利益而部署快速流动数据世界的愿景，着实振奋人心。同时，在各种可能性的激励下，一场革命也是公民和政府的愿景，让人充满力量。不过，这同时也是一个实实在在的命题。从这里到那里需要深思熟虑的行动和选择。现在采取果断行动，利用目前的政治机会，可以为今后几年创造条件并产生积极影响。要实现可持续发展目标，就需要进行数据革命。

　　我们敦促联合国成员和联合国系统内各组织大幅加快这一领域的工作，支持全球可持续发展的愿望。数据将是可持续发展目标问责制框架的基本要素之一。

　　拥有高质量的数据，并利用这些数据来建立信息，跟踪进展情况，监测资源使用情况，评估政策和方案对不同群体的影响，是建立更加相互负责和参与性更强的体系来监测新目标实施的关键。然而，我们也认识到数据并不能代表全部。

　　本书介绍了如何改进数据和信息并使其更易于访问。关于如何在可持续发展目标的具体问责框架中使用这些数据和信息的决议属于联合国成员。因此，这些决议仍然超出本报告的范围。我们就动员数据革命促进可持续发展的建议提出了四个领域的全面行动纲领，在下边做了详细解释：

- 原则和标准；
- 技术、创新和分析；
- 能力和资源；
- 治理和领导。

　　每一个领域建议的核心，都事关人类和地球。我们的数据革命属于人类和地球，也是为了人类和地球。

原则和标准

联合国和其他国际或区域组织起到的关键作用之一，是制定原则和标准，并遵循共同规范，以指导全球的集体行动。我们认为，动员数据革命来实现可持续发展，迫切需要在各领域现有计划的基础上制定这样一种标准。

我们建议联合国在其他领域现有努力的基础上，制定全面战略和路线图，争取达成新的"全球数据共识"，制定原则和商定标准，以建立信任和促进合作，其中包括：

• 商定并促进采用与数据革命相关的具体原则，借鉴并依据下面两页所述的原则，由联合国有关机构进一步制定并由其成员商定。

• 在一系列领域加快法律、技术、地理空间和统计标准的制定并加以采用，包括但不限于：数据和元数据的开放和交换，包括数据和信息系统的互操作性；人口和地理空间信息，包括"地理语义"管理和交流；全球关于非法资金流动的信息交换；开放数据和数字版权管理及许可。

• 保护人权，包括：个人可识别的匿名数据标准，以及数据安全、完整性、文档化、保存和访问的标准和执行机制。

数据革命促进可持续发展的基本原则

需要以下列关键原则为指导，通过积极主动的措施，利用数据革命促进可持续和包容性发展：

数据质量和完整性

1. 质量差的数据可能会误导人们。数据设计、收集、分析和传播的

信任与数据

整个过程，都需要证明数据是高质量的完整数据。需要根据联合国官方统计基本原则和独立的第三方工作，制定明确的标准来保障质量。需要一个强有力的质量保证框架，特别是对官员而言，这包括内部系统以及专业和独立的第三方定期审计。应使用和加强提高现有统计数据质量的工具，并应使用共同商定的标准和质量基准对数据进行分类。

数据分类

2. 任何人都不应尽可能地视而不见，在适当保障个人隐私和数据质量的情况下，数据应在地理、财富、残疾、性别和年龄等多个层面进行分类。应根据分类数据与所审议的方案、政策或其他事项的相关性，收集其他方面的分类数据，例如族裔、移徙者状况、婚姻状况、艾滋病毒状况、性取向和性别认同，适当保护隐私和人权。分类数据可以更好地比较工作情况，有助于为各级决策提供信息，并根据事实促进决策。

数据的及时性

3. 延迟的数据就是遭到拒绝的数据。应制定严格标准，利用技术，缩短设计数据收集和公布数据之间的时间。通过确保来自国家、国际、私人大数据源和由人们生成的数字型数据的及时的高质量、稳定流动，从而提高所生成数据的价值。数据周期必须匹配决策周期。

数据的透明度和开放性

4. 许多由政府供资的数据集以及关于公共支出和预算的数据，其他部委或一般公众都无法获得。所有关于公共事务和（或）由公共基金供资的数据，包括私营企业提供的数据，都应公开和"默认开放"，但对真正的安全或隐私问题的豁免范围很狭窄。数据需要在技术上是开放的

（即，以机器可读标准格式提供，以便计算机应用程序能够检索和有意义地处理数据），在法律上也是要开放的（即，给予明确的许可，允许商业和非商业使用以及不受限制地重新使用）。基础数据设计、采样、方法、工具和数据集，应与调查结果一起解释和公布，以便能够进行更严格的审查、理解和独立分析。

数据的可用性和管理

5. 数据的呈现方式往往是大多数人无法理解的。因此，数据体系结构应更加强调以用户为中心的设计和用户友好的界面。应培养"信息中介"社区，开发新的工具，把原始数据转化为更广泛的非技术潜在用户群体的信息，使公民和其他数据用户能够提供反馈。

数据保护和隐私

6. 随着越来越多的数据通过分类予以提供，数据孤岛变得越来越集成化，隐私问题越来越成为人们对收集哪些数据以及如何使用这些数据的关注问题。如果大数据的收集者得不到足够的保护，以免受国家机构的请求或黑客的干扰，则会产生进一步的风险。这就需要制定明确的国际规范和强有力的国家政策以及法律准则，规范选择性加入和选择性退出、数据挖掘、数据使用、用于其他目的的再利用、转让和传播等行为。

这些规范、政策和法律准则应该使公民能够更好地理解和控制自己的数据，保护数据生产者免受政府的请求和黑客的攻击，同时还允许在为公共利益重新使用数据方面进行丰富的创新。在商定的隐私限制范围内，应保护人们使用数据的言论自由权。正确提供、收集、整理和分析数据的人们需要自由操作和保护，以免相互指责。

数据治理和独立性

7. 许多国家统计局缺乏足够的能力和资金，容易受到政治和利益集团（包括捐助方）的影响。应通过加强国家统计局的工作来保护和提高数据质量，确保统计局在职能上自主、独立于部门部委和政治影响。国家统计局的透明度和问责制应得到改善，包括与所服务的公众直接沟通。例如，可以包括独立监测的公共服务，或监测有关指标，如公众对服务的满意程度。

数据资源和能力

8. 全球有责任确保所有国家都具有有效的国家统计系统，能够根据全球标准和期望编制高质量的统计数据。这就要求对政府和独立系统以及信息中介机构的人力资本、新技术、基础设施、地理空间数据和管理系统进行投资。与此同时，必须发展国家数据科学能力，以利用大数据中的机会，补充高质量的官方统计数据。需要增加国内资源和对发展中国家的国际支持，才能使数据革命为可持续发展做出贡献。必须透明地开发和拓展大数据应用程序，促进公共利益，从而证明应用程序完全符合适用的法律。

数据权利

9. 人权贯穿于与数据革命有关的许多问题。这些权利包括但不限于计数权、身份权、隐私权以及对个人数据的所有权、正当程序权（例如在程序或行政说明中使用数据作为证据时）、言论自由权、参与权、不受歧视和平等的权利以及同意原则。为动员数据革命促进可持续发展而建立的任何法律或监管机制、网络或伙伴关系都应把保护人权作为其活动的核心部分，具体说明谁有责任维护这些权利，以及应支持保护、尊重和实现人权。

加强国家能力是数据革命的基本考验

技术、创新和分析

技术一直并将继续是数据革命的根本驱动力。为了体会新技术带来的好处，需要在各级机构，特别是在当前落后的机构中，对创新进行大量、持续的投资。此外，除了本报告的范围之外，还需要做出及时的努力，增加获得信息技术的机会。另外，增加获得宽带接入的机会，增加识字率，包括成人识字率，并在世界各地的学校更多地使用信息和通信技术，确保所有人包括最贫穷的人，都能获得改善其生活的技术。

我们建议联合国要建立一个促进可持续发展的"数据创新网络"，汇集一系列伙伴和现有网络，获得知识，解决共同问题。一些具体的活动领域包括：

• 通过"可持续发展目标数据实验室"及时利用新兴数据源对可持续发展目标进行监控：实验室应动员主要的公共、私营和民间社会数据提供者、学术界和利益相关方，查明现有和缺失的数据与指标以及从新方法、分析工具和技术中受益的机会，从而改进可持续发展目标每个领域指标的覆盖面、及时性和可用性。实验室要利用现有的千年发展目标监测架构，与可持续发展解决方案网络等网络进行合作，从 2016 年 1 月起制定监测新目标的新方法。

• 开发全球数据共享系统：确定发展共同基础设施，以利用数据革命促进可持续发展，这样可以解决能力问题、提高效率和鼓励合作。其中一项建议是构建"世界统计云"，用于存储不同机构产生的元数据，但要按照共同的标准、规则和规范进行存储。

• 填补研究空白：确定关键的研究差距，如数据、激励措施和行为之间的关系。让研究中心、创新者和政府参与开发可公开获得的数据分析工具和算法，更好地捕获和评估影响可持续发展的长期趋势。

- 建立激励机制：通过奖励和数据挑战等举措，使社会企业家、私营企业、学术界、媒体、民间社会及其他个人和机构参与到这一全球性的数据革命。

能力和资源

加强从数据生产到使用的所有领域的国家能力，是对任何数据革命的重要考验，特别是在通常缺乏基本基础设施的发展中国家。如果没有持续性的新投资，许多国家就不可能监测扩展了的可持续发展新目标，因此迫切需要调动新的资金。

我们建议为支持数据革命促进可持续发展，制定一个新资金流和创新筹资机制提案，供于 2015 年 7 月在亚的斯亚贝巴举行的 "第三次发展筹资问题国际会议" 进行讨论。该提案应以下列五大支柱为基础：

- **投资需求**：建立现代系统，以监测特别是发展中国家实现可持续发展目标的进展情况，从而对所需的投资规模进行分析。

这一分析以目前正在进行的各种尝试为基础，应重点关注与不同生产系统相关联的成本以及效率提高的机会。应特别注意需要对数据进行的投资，分析最贫穷人口和社区面临的挑战，使他们成为数据的用户。

- **管理资金**：关于如何管理和监测数据革命促进可持续发展的新资金提案，可以对现有资金来源和形式进行评估。

这应研究如何最有效地利用各种来源的资金，根据国家优先事项进行管理和支付，从而激励创新、协作和整个系统的方法，同时也鼓励创新和试验，接受并非所有举措都会成功这一现实。

- **私营企业的参与**：关于如何利用私营企业的资源和创造力的建议，包括根据公司对时间跨度和回报的期望，审查为私营企业投资而制定激励措施的提案。

- **能力发展**：关于改进现有安排以促进必要的能力发展和技术转让的提案。

该提案应包括更新"国家统计发展战略"，更好地进行协调和长期规划，确定合理的投资，让非官方数据生产者参与合作努力，加快数据的生成、传播和使用，加强民间社会生产、使用和传播数据的能力和资源。

- **全球数据素养**：提议进行特别投资，提高全球数据素养。为了缩小能够受益于数据的人与不能受益于数据的人之间的差距，2015 年，联合国应与其他组织合作，制订一项教育计划，并推广新的学习方法，提高人们、信息中介和公务员的数据素养。并做出特别努力，通过专门方案帮助生活贫困的人口。

治理和领导

联合国的强有力领导，对于使数据革命为可持续发展服务至关重要。应通过各种行动和活动以及所有伙伴的持续参与，使这种领导力非常具体，与各国政府、私营企业、非政府组织、媒体和学术研究人员（在处理问题上）保持开放、透明的态度。主要目标是为现有体制机构增加价值，加速交付其产出并建立新的伙伴关系。应明确说明短期和中期成果，进行定期审查，确保这一领域的全球合作走上正确的轨道。

我们建议建立"全球可持续发展数据伙伴关系"（GPSDD），动员协调尽可能多的计划和机构，由此实现上述设想。全球可持续发展数据伙伴关系可以推进若干计划，例如：

世界论坛：设立两年一次的"世界可持续发展数据论坛"，以及在相关区域和国家举办活动。这些举措会保持数据改进的势头，促进私营、公共和社区各级数据收集者和用户之间的定期接触，展示正在开展的活动和举措，在世界各地创建一个"数据倡导者"网络，为创新、知识共享、宣传和技术转让提供实际空间。第一次论坛应安排在对可持续发展目标商定后，于 2015 年底举行。

用户论坛：建立一个"全球可持续发展目标与数据用户论坛"，确保数据生产者、处理者和用户之间的反馈循环，提高所产生数据和信息的效用。该论坛还有助于国际社会确定优先事项和评估所取得的成果，可鼓励在国家和机构复制和试验用户论坛，增加对数据的需求和使用。应特别注意如何让贫穷和边缘化的人口和社区参与论坛。

伙伴关系和协调：与国际和区域组织合作，并与其他研究公共数据最佳实践的计划合作，例如开放政府伙伴关系（OGP）和八国集团开放数据宪章。目的是加强各领域工作的协调，分享关于可持续发展目标监测的知识，并鼓励开放数据和协调等良好做法。此外，共同努力围绕数据和信息权来制定共同的法律准则，纠正数据滥用的现象，共同努力执行商定出来新标准，精简能力建设举措，减少重复工作，调动新的资源。

数据共享：与私营公司和民间社会组织建立一些关键的全球公私伙伴关系，实现数据共享。在现有努力的基础上，这些模式将为最佳实践提供模式，有助于试图谈判类似安排的国家和地区机构，确定各种行业特有的激励措施和制约因素，考虑到规模经济，并要表明在公共和私营企业之间分享数据和开展合作的价值和可能性。

我们建议在可持续发展目标数据方面取得一些"速赢"，证明不同方法的可行性，并以伙伴关系和方法进行试验和创新，作为制定长期举措的第一步。除了建议的"可持续发展目标数据实验室"之外，还可以包括：

• **可持续发展目标分析和可视化平台**：将于2015年9月启动，利用最先进的工具和功能探索和分析及再利用数据，通过为数据再利用提供指导和教育资源，以其他部门的其他平台为基础并与之协调，展示数据用户参与的最佳实践。网站的开发还会成为一个实验室，促进公私伙伴关系和社区领导的同时生产，从而对数据进行收集、传播和可视化处理。网站开发在可持续发展目标的有效期内不断更新，仍然是新想法和创新的展示，是高质量和最新进展信息的来源。

• **关于"世界状况"的仪表板**：要利用丰富的传统数据和新数据，保持整个可持续发展目标进程的兴奋度和开放性，让智囊团、学术界和非政府组织以及整个联合国大家庭参与分析、编制、核查和审计数据，提供一个试验场所，用来试验整合不同数据源的方法，包括定性数据、感知数据和公民生成的数据，最终为新目标制定一个"人民基线"。

参考文献及注释

导言

［1］ M. Kuneva, keynote speech, Roundtable on Online Data Collection, Targeting, and Profiling, 31 Mar. 2009; *http//europa. eu/rapid/press-ReleasesAction. do? reference = SPEECH/09/156.*

［2］ J. Leibowitz, "Prepared Statement of the Federal Trade Commission on Consumer Privacy," US Senate Committee on Commerce, Science, and Transportation, 27 July 2010; *www. ftc. gov/os/testimony/100727consumerprivacy. pdf.*

［3］ A. Pentland, "Reality Mining of Mobile Communications: Towards a New Deal on Data," The Global Information Technology Report 2008 – 2009: Mobility in a Networked World, S. Dutta and I. Mia, eds. , World Economic Forum, 2009, pp. 75 – 80; *www. insead. edu/v1/gitr/wef/main/ fullreport/files/Chap1/1. 6. pdf.*

［4］ World Economic Forum, Personal Data: The Emergence of a New Asset Class, 2011; *www3. weforum. org/docs/WEF_ITTC_PersonalDataNewAsset_Report_2011. pdf.*

第 2 章

［1］ The White House, "National Strategy for Trusted Identities in Cyberspace: Enhancing Online Choice, Efficiency, Security, and Privacy," The White House, April 2011, available on *http://www. whitehouse. gov/ sites/default/files/rss viewer/NSTICstrategy 041511. pdf.*

［2］ European Commission (2016), The General Data Protection Regulation (GDPR) (Regulation (EU) 2016/679).

［3］ World Economic Forum, Personal Data: The Emergence of a New

Asset Class, 2011, available on *http： //www. weforum. org/reports/personal-data-emergence-new-asset-class.*

[4] World Economic Forum, The future of financial infrastructure, August 2016. Available at： *http： //www3. weforum. org/docs/WEF_The_future_of_financial_infrastructure. pdf.*

[5] World Economic Forum, A Blueprint for Digital Identity： The Role of Financial Institutions in Building Digital Identity, *http： //www3. weforum. org/docs/WEF_A_Blueprint_for_Digital_Identity. pdf.*

[6] D. Shrier and A. Pentland (ed), Frontiers of Financial Technology： Expeditions in future commerce, from blockchain and digital banking to prediction markets and beyond, Publisher： Visionary Future, September 2016.

[7] A. Pentland, T. Reid, and T. Heibeck, Big data and Health – Revolutionizing medicine and Public Health： Report of the Big Data and Health Working Group 2013, World Innovation Summit for Health, Qatar Foundation. *http： //www. wish-qatar. org/app/media/*382.

[8] A. Pentland, D. Shrier, T. Hardjono, and I. Wladawsky – Berger, Towards an Internet of Trusted Data： A New Framework for Identity and Data Sharing： Input to the Whitehouse Commission on Enhancing National Cybersecurity. MIT Connection Science. August 2016.

[9] G. Zyskind, G. , O. Nathan, and A. Pentland. Decentralizing privacy： Using blockchain to protect personal data. In Proceedings of 2015 IEEE Symposium on Security and Privacy Workshops, 180 – 184.

[10] T Hardjono, D. Greenwood and A. Pentland, Towards a Trustworthy Digital Infrastructure for Core Identities and Personal Data Stores, ID360 Conference on Identity, University of Texas, Austin. 2013.

[11] The Jericho Forum, "Identity Commandments," The Open Group, 2011. Available on *www. opengroup. org.*

［12］ American Bar Association, Overview of Identity Management, ABA Identity Management Legal Task Force, May 2012, available on *http：//meetings. abanet. org/webupload/commupload/CL320041/relatedresources/ABA – Submission-to – UNCITRAL. pdf.*

［13］ OIX, OpenID Exchange, *http：//openidentityexchange. org.*

［14］ FICAM, U. S. Federal Identity, Credential and Access Management（FICAM）Program, *http：//info. idmanagement. gov.*

［15］ SAFE – BioPharma Association, Trust Framework Provider Services, *http：//www. safe-biopharma. org/SAFE_Trust_Framework. htm.*

［16］ OASIS, "Assertions and Protocols for the OASIS Security Assertion Markup Language（SAML）V2. 0," *http：//docs. oasisopen. org/security/saml/v2. 0/saml-core – 2. 0 – os. pdf*, March 2005.

［17］ OASIS, "Glossary for the OASIS Security Assertion Markup Language（SAML）V2. 0," *http：//docs. oasis-open. org/security/saml/v2. 0/samlglossary – 2. 0 – os. pdf*, March 2005.

［18］ S. Nakamoto, Bitcoin：a Peer to Peer Electronic Cash system, *https：//bitcoin. org/bitcoin. pdf.*

［19］ Ethereum. Ethereum. org.

［20］ R. G. Brown, J. Carlyle, I. Grigg, M. Hearn, Corda：An Introduction, August 2016. R3, *http：//r3cev. com/blog/2016/8/24/the-corda-non-technical-whitepaper.*

［21］ A. Pentland, "Reality Mining of Mobile Communications：Toward a New Deal on Data," in The Global Information Technology Report 2008 – 2009：Mobility in a Networked World, S. Dutta and I. Mia, Eds. World Economic Forum, 2009, pp. 75 – 80, available *on http：//hd. media. mit. edu/wef_globalit. pdf.*

［22］ Y. A. de Montjoye, S. S. Wang, and A. Pentland, "On the trusted use of large-scale personal data," IEEE Data Eng. Bull. , vol. 35 , no. 4 , pp. 5 – 8, 2012.

［23］ Y. A. de Montjoye, J. Quoidbach, F. Robic, and A. Pentland, "Predicting personality using novel mobile phone-based metrics," in Social Computing, Behavioral – Cultural Modeling and Prediction (LCNS Vol. 7812). Springer, 2013, pp. 48 – 55.

［24］ Y. A. de Montjoye, E. Shmueli, S. Wang, and A. Pentland, "openPDS: Regaining ownership and privacy of personal data," 2013.

［25］ J. Pieprzyk, T. Hardjono, and J. Seberry, Fundamentals of Computer Security. Springer – Verlag, 2003.

［26］ D. L. Chaum, "Untraceable electronic mail, return addresses, and digital pseudonyms," Communications of the ACM, vol. 24, no. 2, pp. 84 – 88, February 1981.

［27］ S. Brands, "Untraceable off-line cash in wallets with observers," in CRYPTO'93 Proceedings of the 13th Annual International Cryptology. Springer – Verlag, 1993, pp. 302 – 318.

［28］ S. Brands, Rethinking Public Key Infrastructures and Digital Certificates. MIT Press, 2000.

［29］ J. Camenisch and E. Van Herreweghen, "Design and implementation of the IBM Idemix anonymous credential system," in Proceedings of the 9th ACM conference on Computer and communications security. ACM, 2002, pp. 21 – 30.

［30］ E. Brickell and j. Li. , Enhanced Privacy ID: a Direct Anonymous Attestation Scheme with Enhanced Revocation Capabilities. IEEE Trans on Dependable and Secure Computing, 9 (3): 345 – 360, 2012.

［31］ T. Hardjono and N. Smith, "Cloud – Based Commissioning of Constrained Devices using Permissioned Blockchains", in Proceedings of the 2nd ACM International Workshop on IoT Privacy, Trust, and Security (IoTPTS 2016), May 2016.

〔32〕 Trusted Computing Group. TPM Main Specification Version 1. 2. TCG Published Specification, TCG, October 2003.

〔33〕 T. Hardjono and N. Smith (Eds). TCG Infrastructure Reference Architecture for Interoperability (Part 1) Specification Version 1. 0 Rev 1. 0, June 2005. *http*: *//www. trustedcomputinggroup. org/resources.*

〔34〕 Microsoft. U – Prove Cryptographic Specification v1. 1, (Rev 3). Technical Report, Microsoft Corporation, 2014.

〔35〕 D. Atkins, W. Stallings, P. Zimmerman, PGP Message Exchange Formats, IETF RFC1991, August 1996, Internet Engineering Task Force.

〔36〕 C. Ellison et. al, SPKI Certificate Theory, IETF RFC2693, September 1999. Internet Engineering Task Force.

〔37〕 C. Adams and S. Farrell, "Internet X. 509 Public Key Infrastructure Certificate Management Protocols," RFC 2510, IETF, Mar. 1999, obsoleted by RFC 4210.

第 3 章

〔1〕 A. Pentland, D. Shrier, T. Hardjono, and I. Wladawsky – Berger, Towards an Internet of Trusted Data: A New Framework for Identity and Data Sharing: Input to the Whitehouse Commission on Enhancing National Cybersecurity. MIT Connection Science. August 2016.

〔2〕 Y. A. de Montjoye and A. Pentland, The MIT OPAL Project, 2015, *http*: *//opalproject. org.*

〔3〕 G. Zyskind, G. , O. Nathan, and A. Pentland. Decentralizing privacy: Using blockchain to protect personal data. In Proceedings of 2015 IEEE Symposium on Security and Privacy Workshops, 180 – 184.

〔4〕 A. Pentland, "Reality Mining of Mobile Communications: Toward a New Deal on Data," in The Global Information Technology Report 2008 –

2009： Mobility in a Networked World， S. Dutta and I. Mia， Eds. World Economic Forum， 2009， pp. 75 – 80， available on *http： //hd. media. mit. edu/ wef_globalit. pdf.*

［5］ Y. A. de Montjoye， S. S. Wang， and A. Pentland， "On the trusted use of large-scale personal data," IEEE Data Eng. Bull. ， vol. 35， no. 4， pp. 5 – 8， 2012.

［6］ Y. A. de Montjoye， E. Shmueli， S. Wang， and A. Pentland， "openPDS： Regaining ownership and privacy of personal data," 2013.

［7］ A. Pentland， T. Reid， and T. Heibeck， Big data and Health – Revolutionizing medicine and Public Health： Report of the Big Data and Health Working Group 2013， World Innovation Summit for Health， Qatar Foundation. *http： //www. wish-qatar. org/app/media/382.*

［8］ Alex Pentland， David Lazer， Devon Brewer， and Tracy Heibeck， "Using Reality Mining to Improve Public Health and Medicine," Studies in Health Technology and Informatics 149 （2009）： 93 – 102.

［9］ Y. A. de Montjoye， J. Quoidbach， F. Robic， and A. Pentland， "Predicting personality using novel mobile phone-based metrics," in Social Computing， Behavioral – Cultural Modeling and Prediction （ LCNS Vol. 7812）. Springer， 2013， pp. 48 – 55.

［10］ D. Chaum， C. Crepeau & I. Damgard. "Multiparty unconditionally secure protocols" . STOC 1987.

［11］ S. Goldwasser and S. Micali. Probabilistic encryption and how to play mental poker keeping secret all partial information. In Proceedings of the 14th ACM Symposium on Theory of Computing （STOC'82）， pages 365 – 377， San Francisco， CA， USA， May 1982.

［12］ A. Yao， "Protocols for secure computations" . FOCS. 23rd Annual Symposium on Foundations of Computer Science （FOCS 1982）： 160 – 164.

［13］ A. Shamir， "How to share a secret"， Communications of the ACM，

22（11）：612 –613. ACM 1979.

第 4 章

［1］ Jonathan Woetzel et al. , "Preparing for China's Urban Billion" （McKinsey Global Institute, March 2009）, *http：//www. mckinsey. com/in-sights/urbanization/preparing_for_urban_billion_in_china.*

［2］ David Lazer, Alex Sandy Pentland, Lada Adamic, Sinan Aral, Albert Laszlo Barabasi, Devon Brewer, Nicholas Christakis, Noshir Contrac-tor, james Fowler, and Myron Gutmann, "Life in the Network：The Coming Age of Computational Social Science," Science 323 （2009）：721 –723.

［3］ Sinan Aral and Dylan Walker, "Identifying Influential And Suscep-tible Members Of Social Networks," Science 337 （2012）：337 –341；Alan Mislove, Sune Lehmann, Yong – Yeol Ahn, jukka – Pekka Onnela, and j. Niels Rosenquist, Pulse of the Nation：

U. S. Mood throughout the Day Inferred from Twitter （website）, *http：//www. ccs. neu. edu/home/amislove/twittermood/* （*accessed November* 22, 2013）；jessica Vitak, Paul Zube, Andrew Smock, Caleb T. Carr, Nicole Ellison, and Cliff Lampe, "It's Complicated：Facebook Users' Political Participation in the 2008 Election," Cyberpsychology, Behavior, and Social Networking 14 （2011）：107 –114.

［4］ Alexis Madrigal, "Dark Social：We Have the Whole History of the Web Wrong," The Atlantic, October 12, 2013, *http：//www. theatlantic. com/technology/archive/2012/10/dark-social-we-have-the-whole-history-of-the-web-wrong/263523/.*

［5］ Nathan Eagle and Alex Pentland, "Reality Mining：Sensing Com-plex Social Systems," Personal and Ubiquitous Computing 10 （2006）：255 –268；Alex Pentland, "Reality Mining of Mobile Communications：Toward a

New Deal on Data," The Global Information Technology Report 2008 – 2009 (Geneva: World Economic Forum, 2009), 75 – 80.

[6] Alex Pentland, David Lazer, Devon Brewer, and Tracy Heibeck, "Using Reality Mining to Improve Public Health and Medicine," Studies in Health Technology and Informatics 149 (2009): 93 – 102.

[7] Vivek K. Singh, Laura Freeman, Bruno Lepri, and Alex Sandy Pentland, "Classifying Spending Behavior using Socio – Mobile Data," HU-MAN 2 (2013): 99 – 111.

[8] Wei Pan, Yaniv Altshuler, and Alex Sandy Pentland, "Decoding Social Influenceand the Wisdom of the Crowd in Financial Trading Network," in 2012 International Conference on Privacy, Security, Risk and Trust (PAS-SAT), and 2012 International Conference on Social Computing (Social-Com), 203 – 209.

[9] Kate Greene, "Reality Mining," MIT Technology Review, March/April 2008, http: //pubs. media. mit. edu/pubs/papers/tr10pdfdownload. pdf.

[10] Meglena Kuneva, European Consumer Commissioner, "Keynote Speech," in Roundtable on Online Data Collection, Targeting and Profiling, March 31, 2009, http: //europa. eu/rapid/press-release_SPEECH – 09 – 156_en. htm.

[11] Kim Gittleson, "How Big Data Is Changing The Cost Of Insurance," BBC News, November 14, 2013, http: //www. bbc. co. uk/news/business – 24941415.

[12] Aniko Hannak, Piotr Sapiezynski, Kakhki Arash Molavi, Balachander Krishnamurthy, David Lazer, Alan Mislove, and Christo Wilson, "Measuring Personalization of Web Search," in Proc. 22nd International Conference on World Wide Web (WWW 2013), 527 – 538.

[13] Pentland, "Reality Mining of Mobile Communications."

[14] Anmol Madan, Manuel Cebrian, David Lazer, and Alex Pent-

land, "Social Sensing for Epidemiological Behavior Change," in Proc. 12th ACM InternationalConference on Ubiquitous Computing (Ubicomp 2010), 291 – 300; Pentland et al. "Using Reality Mining to Improve Public Health and Medicine."

[15] Wei Pan, Gourab Ghoshal, Coco Krumme, Manuel Cebrian, and Alex Pentland, "Urban Characteristics Attributable to Density – Driven Tie Formation," Nature Communications 4 (2013): article 1961.

[16] Lev Grossman, "Iran Protests: Twitter, the Medium of the Movement," Time Magazine, June 17, 2009; Ellen Barry, "Protests in Moldova Explode, with Help of Twitter," The New York Times, April 8, 2009.

[17] "Directive 95/46/EC of the European Parliament and of the Council of 24 October 1995 on the Protection of Individuals with Regard to the Processing of Personal Data and on the Free Movement of Such Data," Official Journal L281 (November 23, 1995): 31 – 50.

[18] World Economic Forum, "Personal Data: The Emergence of a New Asset Class," January 2011, *http://www. weforum. org/reports/personal-data-emergence-new-asset-class.*

[19] Ibid.

[20] Ibid.

[21] Antonio Lima, Manlio De Domenico, Veljko Pejovic, and Mirco Musolesi, "Exploiting Cellular Data for Disease Containment and Information Campaign Strategies in Country – Wide Epidemics," School of Computer Science Technical Report CSR – 13 – 01, University of Birmingham, May 2013.

[22] Arvind Narayanan and Vitaly Shmatikov, "Robust De – Anonymization of Large Sparse Datasets," in Proc. 2008 IEEE Symposium on Security and Privacy (SP), 111 – 125.

[23] Latanya Sweeney, "Simple Demographics Often Identify People Uniquely," Data Privacy Working Paper 3, Carnegie Mellon University,

Pittsburgh, 2000.

[24] de Montjoye, Yves – Alexandre, Samuel S. Wang, Alex Pentland, "On the Trusted Use of Large – Scale Personal Data," IEEE Data Engineering Bulletin 35, no. 4 (2012): 5 – 8.

[25] Chaoming Song, Zehui Qu, Nicholas Blumm, and Albert – Laszlo Barabasi, "Limits of Predictability in Human Mobility," Science 327 (2010): 1018 – 1021.

[26] Pentland et al., "Using Reality Mining to Improve Public Health and Medicine."

[27] David Tacconi, Oscar Mayora, Paul Lukowicz, Bert Arnrich, Cornelia Setz, Gerhard Troster, and Christian Haring, "Activity and Emotion Recognition to Support Early Diagnosis of Psychiatric Diseases," in Proc. 2nd International ICST Conference on Pervasive Computing Technologies for Healthcare, 100 – 102.

[28] World Economic Forum, "Personal Data."

[29] The White House, "National Strategy for Trusted Identities in Cyberspace: Enhancing Online Choice, Efficiency, Security, and Privacy," Washington, DC, April 2011, *http: //www. whitehouse. gov/sites/default/files/rss_viewer/NSTICstrategy_041511. pdf.*

[30] Thomas Hardjono, "User – Managed Access UMA Profile of OAuth 2. 0," Internet draft, 2013, *http: //docs. kantarainitiative. org/uma/draft-uma-core. html.*

[31] A Creative Commons licensed example set of integrated business and technical system rules for the institutional use of personal data stores is available at *https: //github. com/HumanDynamics/SystemRules.*

[32] See http: //openPDS. media. mit. edu for project information and *https: //github. com/HumanDynamics/openPDS for the open source code.*

[33] Nick Bilton, "Girls around Me: An App Takes Creepy to a New

Level," The New York Times, Bits (blog), March 30, 2012, *http: // bits. blogs. nytimes. com/2012/03/30/girls-around-me-ios-app-takes-creepy-to-a-new-level.*

[34] U. S. Environmental Protection Agency, RCRA Corrective Action Program, "Institutional Controls Glossary," Washington, DC, 2007, *http: //www. epa. gov/epawaste/hazard/correctiveaction/resources/guidance/ics/ glossary*1. *pdf.*

[35] University of Florida, Center for Environmental & Human Toxicology, "Development of Cleanup Target Levels (CTLs) for Chapter 62 – 777, F. A. C. ," Technical report, Florida Department of Environmental Protection, Division of Waste Management, February 2005, *http: //www. dep. state. fl. us/waste/quick _ topics/publications/wc/FinalGuidanceDocumentsFlow-Charts_April*2005/*TechnicalReport*2*FinalFeb*2005 (*Final*3 – 28 – 05). *pdf.*

[36] U. S. Environmental Protection Agency, "Institutional Controls: A Guide to Planning, Implementing, Maintaining, and Enforcing Institutional Controls at Contaminated Sites," OSWER 9355. 0 – 89, Washington, DC, December 2012, *http: //www. epa. gov/superfund/policy/ic/guide/Final%20PIME%20Guidance%20December%20*2012. *pdf.*

[37] Ralph A. DeMeo and Sarah Meyer Doar, "Restrictive Covenants as Institutional Controls for Remediated Sites: Worth the Effort?" The Florida Bar Journal 85, no. 2 (February 2011); Florida Department of Environmental Protection, Division of Waste Management, "Institutional Controls Procedures Guidance," Tallahassee, June 2012, *http: //www. dep. state. fl. us/ waste/quick_topics/publications/wc/csf/icpg. pdf*; University of Florida, "Development of Cleanup Target Levels. "

[38] World Economic Forum, "Personal Data. "

[39] Thomas Hardjono, Daniel Greenwood, and Alex Pentland, "Towards a Trustworthy Digital Infrastructure for Core Identities and Personal Data

Stores," in Proc. ID360 Conference on Identity, University of Texas, Austin. 2013.

[40] Thomas Hardjono and Eve Maler, "User – Managed Access UMA Profile of OAuth2. 0, "Binding Obligations on User – Managed Access (UMA) Participants," Internet Draft, 2013, *http：//docs. kantarainitiative. org/uma/ draft-uma-trust. html.*

[41] Simon Barber, Xavier Boyen, Elaine Shi, and Ersin Uzun, "Bitter to Better – How to Make Bitcoin a Better Currency," in Proc. Financial Cryptography and Data Security Conference (2012), LNCS 7397, 399 – 414.

[42] Stan Stalnaker, "About [Ven Currency]," *http：//www. ven. vc* (*accessed January* 16, 2014).

[43] Thomas Hardjono, Patrick Deegan, and john Clippinger, "On the Design of Trustworthy Compute Frameworks for Self – OrganizingDigital Institutions," in Proc. 16th International Conference on Human – Computer Interaction, HCI (2014).

[44] See e. g. the study SensibleDTU (*https：//www. sensible. dtu. dk/? lang = en*). This study of 1,000 freshman students at the Technical University of Denmark gives students mobile phones in order to study their networks and social behavior during an important change in their lives. It uses not only data collected from the mobile phones (such as location, Bluetooth-based proximity, and call and sms logs), but also from social networks and questionnaires filled out by participants.

Attribution：

This material has been published as Chapter 9 in the book "Privacy, Big Data, and the Public Good" edited by Julia Lane, VictoriaStodden, Stefan Bender, and Helen Nissenbaum, [and is reproduced by permission of Cambridge University Press]. For more information on this book, please see：

- Cambridge University Press': Books Online: *http: //dx. doi. org/*10. 1017/*CBO*9781107590205 *and http: //www. cambridge. org/*9781107637689 and.

- The Amazon. com book page: *http: //www. amazon. com/Privacy - Big - Data - Public - Good/dp/*1107637686.

第 5 章

[1] Acquisti, A. , Brandimarte, L. , and Loewenstein, G. Privacy and the human behavior in the age of information. Science, 347 (6221), (2015), 509 – 514.

[2] Adar, E. , and Huberman, B. A market for secrets. First Monday, 6 (8), (2001).

[3] Benkler, Y. The Wealth of Networks. Yale University Press, New Haven, CT, 2006.

[4] Carrascal, J. P. , Riederer, C. , Erramilli, V. , Cherubini, M. , and de Oliveira, R. Your browsing behavior for a big mac: Economics of personal information online. In Proceedings of the 22nd International Conference on World Wide Web (Rio de Janeiro, Brazil, May 13 – 17). ACM Press, New York, 2013, 189 – 200.

[5] Centellegher, S. , De Nadai, M. , Caraviello, M. , Leonardi, C. , Vescovi, M. , Ramadian, Y. , Oliver, N. , Pianesi, F. , Pentland, A. , Antonelli, F. , and Lepri, B. The Mobile Territorial Lab: A multilayered and dynamic view on parents' daily lives. EPj Data Science, in press.

[6] Cvrcek, D. , Kumpost, M. , Matyas, V. , and Danezis, G. A study on the value of the location privacy. In Proceedings of the 5th ACM workshop on Privacy in Electronic Society (Alexandria, VA, USA, October 30). ACM Press, New York, 2006, 109 – 118.

［7］Danezis, G. , Lewis, S. , and Anderson R. J. How much is loca-
tion privacy worth? In Proceedings of 4th Workshop on the Economics of Infor-
mation Security（Cambridge, MA, USA, June 2 - 3）. 2005.

［8］De Filippi, P. The interplay between decentralization and privacy：
The case of blockchain technologies. Journal of Peer Production, 7, （2015）.

［9］Lathia, N. , Pejovic, V. , Rachuri, K. Mascolo, C. , Musolesi,
M. , and Rentfrow, P. J. Smartphones for large-scale behavior change inter-
ventions. IEEE Pervasive Computing, 12 (3) , （2014）, 2 - 9.

［10］Lazer, D. , Pentland, A. , Adamic, L. , Aral, S. , Barabasi,
A. - L. , Brewer, D. , Christakis, N. , Contractor, N. , Fowler, J. , Gut-
mann, M. , Jebara, T. , King G. , Macy, M, Roy D. , and Van Alstyne,
M. Computational social science, Science, 323 （5915）, （2009）, 721.

［11］Mun, M. , Hao, S. , Mishra, N. , Shilton, K. , Burke, J. ,
Estrin, D. , Hansen, M. , and Govindan, R. Personal data vaults：A locus
of control for personal datastreams. In Proceedings of the 6th ACM International
Conference, Co - NEXT'10（Philadelphia, PA, USA, November 30 - De-
cember 3）. ACM Press, New York, 2010, 1 - 12.

［12］de Montjoye, Y. - A. , Hidalgo, C. , Verleysen, M. , and
Blondel, V. Unique in the crowd：The privacy bounds of human mobility.
Scientific Reports, 3, （2013）.

［13］de Montjoye, Y. - A. , Shmueli, E. , Wang, S. , and Pent-
land, A. OpenPDS：Protecting the privacy of metadata through SafeAn-
swers. PloS One, 10. 1371, （2014）.

［14］Nakamoto, S. Bitcoin：A peer-to-peer electronic cash system, cs.
kent. edu, （2009）.

［15］Pentland, A. Society's nervous system：Building effective govern-
ment, energy, and public health systems. IEEE Computer, 45 (1) , （2012）,
31 - 38.

［16］Pentland，A. Reality mining of mobile communications：Toward a new deal on data. World Economic Forum Global IT Report 2008，Chapter 1. 6，（2008），75 – 8017.

［17］Rainie，L.，and Duggan，M. Privacy and information sharing. Pew Research Center，*http：//www. pewinternet. org/2016/01/14/privacy-and-information-sharing/*（2016）.

［18］*Schneier，B. Data and Goliath：The hidden battles to collect your data and to control your world. Norton and Company，New York City，NY，USA*，2015.

［19］*Shamir，A. How to share a secret. Communications of the ACM*，22（11），（1979），612 – 613.

［20］*Staiano，J.，Oliver，N.，Lepri，B.，de Oliveira，R.，Caraviello，M. and Sebe，N. Money walks：a human-centric study on the economics of personal mobile data. In Proceedings of the* 2014 *ACM International Joint Conference on Pervasive and Ubiquitous Computing（Seattle，WA，USA，September* 13 – 17）. *ACM Press，New York*，（2014），583 – 594.

［21］*Szabo，N. Formalizing and securing relationships on public networks. First Monday*，2（9），（1997）.

［22］*Tsai，J.，Kelley，P. Cranor，L.，and Sadeh，N. Location sharing technologies：Privacy risks and controls. I/S：A journal of Law and Policy for the Information Society*，6（2），（2010），119 – 151.

［23］*Urban，J. M.，Hoofnagle，C. J.，and Li，S. Mobile phones and privacy. BLCT Research Paper Series.*（*July* 11，2012）.

［24］*Want，R.，Pering，T.，Danneels，G.，Kumar，M.，Sundar，M.，and Light，J.*（2002）. *The personal server：Changing the way we think about ubiquitous computing. In Proceedings of* 4*th International Conference on Ubiquitous Computing（Goteborg，Sweden，September* 29 – *October* 1），*ACM Press，New York*，（2002），194 – 209.

［25］*Zyskind*，*G.*，*Nathan*，*O.*，*and Pentland*，*A.*（2015）.*Decen-tralizing privacy*：*Using blockchain to protect personal data. In Proceedings of IEEE Symposium on Security and Privacy Workshops*，180－184.

［26］*http*：*//www. orange. com/en/content/download/21358/412063/version/5/file/Orange＋Future＋of＋Digital＋Trust＋Report. pdf.*

［27］Zyskind，Guy，Oz Nathan，and Alex Pentland."Enigma：De-centralized computation platform with guaranteed privacy."arXiv preprint arXiv：1506. 03471（2015）.

第 6 章

［1］ITU，（2013）ICT Facts and Figures，*http*：*//www. itu. int/en/ITU－D/Statistics/Documents/facts/ICTFacts－Figures*2013*－e. pdf.*

［2］For a longer piece on the various ways in which mobile data can be used in the development sphere，see：Kendall et al.（2014）Using Mobile Data for Development，*http*：*//www. impatientoptimists. org/Posts/2014/07/Big－Data-and－How-it－Can－Serve－Development.*

［3］Wesolowski，A.，Eagle，N.，Tatem，A. J.，Smith，D. L.，Noor，A. M.，Snow，R. W.，and Buckee，C. O.（2012）.Quan-tifying the impact of human mobility on malaria. Science，338（6104），267－270. *ht-tp*：*//www. sciencemag. org/con-tent/338/6104/267. abstract.*

［4］Examples include：WorldPop（2014）Ebola http：//www. worldpop. org. uk/ebola/；Eagle，N.，Macy，M.，and Claxton，R.（2010）.Net-work diversity and economic development. Science，328（5981），1029－1031. *http*：*//www. sciencemag. org/content/328/5981/1029*；or Eagle，N.，de Montjoye，Y.，and Bettencourt，L. M.（2009）.Community computing：Com-parisons between rural and urban societies using mobile phone data. In IEEE Computational Science and Engineer-ing，2009. *http*：*//doi. ieeecom-*

*putersociety. org/*10. 1109/*CSE.* 2009. 91.

［5］Wesolowski, A. , Buckee, C. O. , Bengtsson, L. , Wetter, E. , Lu, X. , and Tatem, A. j. （2014）. Commentary： Containing the Ebola Outbreak-the Potential and Challenge of Mobile Network Data. PLOS Currents Outbreaks.

［6］Call for Help & Waiting on Hold, The Economist, Oct. 25, 2014.

［7］Sundsøy, P. , Bjelland, J. , Iqbal, A. , Pentland, A. , and de Montjoye, Y. A. （2014）. Big Data – Driven Marketing： How Machine Learning Outperforms Marketers'Gut – Feeling. In Social Computing, Behavioral – Cultural Modeling and Predic-tion, 367 – 374.

［8］This is very similar to how some mobile marketing interfaces work where marketers will specify the criteria and identifying characteristics for the people they want to target with specific messages but would not receive actual-numbers. Alternatively, anonymized data could be shared with encrypted identifiers which would be passed back to the operator to trigger outreach.

［9］One example is the open Data for Development contest run by Orange, de Montjoye, Y. A. , Smoreda, Z. , Trin-quart, R. , Ziemlicki, C. , and Blondel, V. D. （2014）. D4D – Senegal： The Second Mobile Phone Data for Development Challenge. arXiv preprint arXiv： 1407. 4885. *http： //arxiv. org/abs/*1407. 4885.

［10］U. N. Global Pulse （2014） Data Philanthropy： Where Are We Now? *http： //www. unglobalpulse. org/data-philanthro-py-where-are-we-now.*

［11］45 C. F. R. 164. 514.

［12］de Montjoye, Y. A. , Hidalgo, C. A. , Verleysen, M. , and Blondel, V. D. （2013）. Unique in the Crowd： The privacy bounds of human mobility. Nature Srep, 3. *http： //www. nature. com/srep/*2013/130325/*srep*01376/*full/srep*01376. *html.*

［13］Executive Office of the President, Office of Management & Budget, Safeguarding Against and Responding to the Loss of Personal Information, Memorandum M – 07 – 16 (May 22, 2007).

[14] European Union, Directive 95/46/EC, Recital 26.

[15] Article 29 Data Protection Working Party, Opinion 05/2014 on Anonymisation Techniques. 0829/14/EN (April 10, 2014).

[16] Bengtsson, L., Lu, X., Thorson, A., Garfield, R., and Von Schreeb, J. (2011). Improved response to disasters and outbreaks by tracking population movements with mobile phone network data: a post-earthquake geospatial study in Haiti. PLoS medicine, 8 (8), e1001083.

[17] The back-of-the envelope reasoning goes as: We use a spatial resolution of 17 antennas on average (v = 17) and a temporal resolution of 12 hours (h = 12). This means that with 4 points in a given month, we'd have a ~ 20% chance (\ mathcal ｛E｝ = . 20) at re-identifying an individual in a given month (resp. \ mathcal ｛E｝ = . 55 with 10 points) (*see http: //www. nature. com/srep/2013/130325/srep01376/fig _ tab/srep01376 _ F4. html*). This means that, to have between 20% to 55% chances of re-identifying an individual, we'd need 4 to 10 points every month meaning 48 to 120 points total for a year. Even in this case, as we use a 5% sampling and we resample every month, an individual has only a 45% chance to be in at least one of the sampled month (1 – 0. 95^12 months).

[18] Bandicoot, a python toolbox to extract behavioral indicators from metadata *http: //bandicoot. mit. edu/*.

[19] For a discussion of the use of mobile data to direct aid delivery in the 2010 Haiti earthquake see Bengtsson, L., Lu, X., Thorson, A., Garfield, R., and Von Schreeb, J. (2011).

[20] We assume here that the mobile operator does not have explicit permission from the data subject to disclose their information. If users were to opt-in to sharing this would then become permissible.

［21］ *https：//github. com/yvesalexandre/privacy-tools/.*

［22］ de Montjoye, Y. A. , Shmueli, E. , Wang, S. S. , and Pentland, A. S. （2014）. openPDS：Protecting the Privacy of Metadata through Safe Answers. PloS One, 9（7）, e98790. *http：//www. plosone. org/article/ info% 3Adoi% 2F10. 1371% 2Fjournal. pone. 0098790*；and de Montjoye, Y. A. , Wang, S. S. , Pentland, A. （2012）. On the Trusted Use of Large Scale Personal Data. IEEE Data Eng. Bull. , 35（4）, 5－8.

［23］ While promising, these solutions are not yet ready forprimetime. Standardized software to process call detail records along with testing and reporting tools are still under development while the use of online systems allowing researchers to ask questions that would be run against the data and only receive answers would imply architectures investments from mobile phone operators.

［24］ IMEI or International Mobile Station Equipment, a unique number that identifies a mobile phone on the network.

［25］ One potentially interesting solution here would be to rely on multiple hash functions that can be nested.

［26］ BBC News, Ebola：Can big data analytics help contain its spread? *http：//www. bbc. com/news/business* －29617831.

［27］ European Union, Directive 95/46/EC, Article 7（d）, . An update to this legislation, the Privacy Regulation proposed by the European Commission in 2012, *http：//ec. europa. eu/justice/data-protection/document/review* 2012/com_2012_11_en. pdf, also included an exception from certain requirements for scientific, historical, statistical, and scientific research purposes, but this was removed from legislation as passed by the European Parliament. *http：//www. europarl. europa. eu/meetdocs/*2009 _ 2014/documents/libe/ pr/922/922387/922387en. pdf.

［28］ Under the World Health Organization's International Health Regulations, the WHO and member states under-take to conduct "surveillance" for public health purposes and member states are permitted to "disclose and process personal data where essential for purposes of assessing and managing public health risks." WHO, Fifty-eighth World Health Assembly Resolution WHA58.3: Revision of the International Health Regulations, Articles 1 (definition of surveillance), 5.4, and 45.2005, *http: //www. who. int/ ipcs/publications/wha/ihr_resolution. pdf.*

[29] No silver bullet: De-identification still doesn't work, *https: // freedom-to-tinker. com/blog/randomwalker/no-silver-bullet-de-identification-still- doesnt-work/.*

[30] Draft African Union Convention On The Establishment Of A Credi- ble Legal Framework For Cyber Security In Africa *http: //www. au. int/en/cy- berlegislation.*

第 7 章

[1] Mani A, Michelle – Loock C, Rahwan I, Staake T, Fliesch E, Pentland A, (2013) "Incentives Promote Peer Pressure in an Energy Saving Campaign," in submission (presented at Netsci, 2013 and Behavior Energy and Climate Change Conference, 2013).

[2] World Bank 2015 Global Findex.

附录 A

[1] Many of these concepts and background information have been intro- duced in: Davis, Marc, Ron Martinez and Chris Kalaboukis. "Rethinking Personal Information – Workshop Pre-read." Invention Arts and World Eco- nomic Forum, June 2010.

〔2〕 Bain & Company Industry Brief. "Using Data as a Hidden Asset. " August 16, 2010.

〔3〕 Angwin, Julia. "The Web's New Gold Mine: Your Secrets. " Wall Street Journal. July 30, 2010. http: //online. wsj. com/article/SB100014240527487 03940904575395073512989404. html.

〔4〕 IDC. "The Digital Universe Decade – Are You Ready?" May 2010.

〔5〕 The Economist. "Data, Data Everywhere. " February 25, 2010.

〔6〕 The Radicati Group. "Email Statistics Report, 2009 – 2013. " May 2009.

〔7〕 "Twitter + Ping = Discovering More Music. " Twitter Blog. November 11, 2010; "Statistics. " Facebook Press Room. January 11, 2011. http: //www. facebook. com/press/info. php? statistics.

〔8〕 Nokia Siemens Networks. "Digital Safety, Putting Trust into the Customer Experience. " Unite Magazine. Issue 7. http: //www. nokiasiemens-networks. com/news-events/publications/unite-magazine-february – 2010/ dig-ital-safety-putting-trust-into-the-customer.

〔9〕 Javelin Strategy & Research. "The 2010 Identity Fraud Survey Re-port. " February 10, 2010.

〔10〕 David, Scott. K&L Gates and Open Identity Exchange ABA Docu-ment. October 20, 2010.

〔11〕 In the US, recent developments emerging from the NSTIC, the Federal Trade Commission and the Department of Commerce warrant atten-tion. In the EU, companies should work with the European Commission's ef-forts to revise the EU privacy directive and to synchronise legislation across its member states.

〔12〕 Ericsson〔press release〕. "CEO to Shareholders: 50 Billion Con-nections 2020. " April 13, 2010.

〔13〕 Cisco. "Cisco Visual Networking Index: Global Mobile Data;

Traffic Forecast Update, 2009 – 2014. " February 9, 2010.

［14］ IDC. "The Digital Universe Decade – Are You Ready?" May 2010.

［15］ Definition based on Directive 95/46/EC of the European Parliament and the Council of 24, October 1995.

［16］ Davis, Marc, Ron Martinez and Chris Kalaboukis. "Rethinking Personal Information – Workshop Pre-read. " Invention Arts and World Economic Forum, June 2010.

［17］ Ibid.

［18］ "Fair Information Practice Principles (FIPP) Comparison Tool, Draft. " Discussion and Development Materi-als of the OIX Advisory Board and the OIX Legal Policy Group. October 7, 2010.

［19］ Ibid.

［20］ In 2000, the US and the European Commission agreed upon a framework that would act as a bridge for sharing data between the US and EU, while preserving the basic policy principles of both. See, for example, Thompson, Mozelle W. , Peder van Wagonen Magee. "US/EU Safe Harbor Agreement: What It Is and What It Says About the Future of Cross Border Data Protection. " Privacy Regulation. Federal Trade Commission, Spring 2003. http: // www. ftc. gov/speeches/thompson/thompsonsafeharbor. pdf.

［21］ Clippinger, John. Berkman Center for Internet & Society at Harvard University.

［22］ To learn more about how companies are using new and intrusive Internet-tracking technologies, see "What They Know" (series) . Wall Street Journal. 2010. http: //online. wsj. com/public/page/what-they-know-digital-privacy. html.

［23］ National Strategy for Trusted Identities in Cyberspace. Draft. June 25, 2010.

［24］ Reed, Drummond. "Person Data Ecosystem. " Podcast Episode 2,

December 2010.

［25］"National Strategy for Trusted Identities. " Draft pages 8 – 9. June 25, 2010.

［26］'Blue Button' Provides Access to Downloadable Personal Health Data. "Office of Science and Technology Policy, the White House website. http：//www. whitehouse. gov/blog/2010/10/07/blue-button-provides-access-downloadable-personal-health-data.

［27］CyberSource. 11th Annual "Online Fraud Report. " 2010.

［28］2009 "Internet Crime Report. " Internet Crime Complaint Center. US Department of Justice, 2010.

［29］Higgins Open Source Identity Framework is a project of The Eclipse Foundation. Ottawa, Ontario, Canada. http：//www. eclipse. org/higgins/faq. php.

［30］Kreizman, Gregg, Ray Wagner and Earl Perkins. "Open Identity Pilot Advances the Maturity of User – Cen-tric Identity, but Business Models Are Still Needed. " Gartner, November 9, 2009. http：//www. gartner. com/ DisplayDocument? id = 1223830.

［31］Cybersource. "11th Annual Online Fraud Report. " 2010.

［32］See, for example, Connolly, Chris. "The US Safe Harbor – Fact or Fiction?" Galexia, 2008.

［33］See, for example, Cate, Fred H. "The Failure of Fair Information Practice Principles. " Consumer Protection in the Age of the Information Economy, 2006. http：//papers. ssrn. com/sol3/papers. cfm? abstract _ id = 1156972.

［34］Ashford, Warwick. "Revised EU Privacy Laws to Demand Greater Transparency on the Web. " Computer – Weekly. com. , November 5, 2010.

［35］Strauser, Kirk. "The History and Future of SMTP. " FSM, March 4, 2005.

［36］Taft, Darryl K. "Microsoft Specs Support Open Web Foundation

Agreement. ” eWEEK， November 25， 2009. http：//www. eweek. com/c/ a/Application – Development/Microsoft – Specs – Support – Open – Web – Foundation – Agreement –632362.

［37］ Sourced from Davis， Marc， Ron Martinez and Chris Kalaboukis. "Rethinking Personal Information – Work-shop Pre-read. ” Invention Arts and World Economic Forum， June 2010.

［38］ Ibid.

［39］ Ibid.

附录 B

i　See， e. g. ， *http：//www – 01. ibm. com/software/data/bigdata/what-is-big-data. html.*

ii　ECLAC （2014）. "Latin American Economic Outlook 2013： SME Policies for Structural Change”， p. 124 （*http：//www. cepal. org/publicaciones/xml/5/48385/leo2013_ing. pdf*）.

iii　McKinsey Global Institute （November 2013）. "Lions go digital： The Internet's transformative potential in Africa. ” （*http：//www. mckinsey. com/insights/high_tech_telecoms_internet/lions_go_digital_the_internets_transformative_potential_in_africa*）.

iv　See Ugandan Ministry of Health （*www. mtrac. ug*）.

v　Enns， E. A and Amuasi， J. H. （2013）. "Human mobility and communication patterns in Côte d'Ivoire： A network perspective for malaria control”， published in Mobile Phone Data for Development： Analysis of mobile phone datasets for the development of Ivory Coast. Selected Contributions to the D4D challengesponsored by Orange. （*http：//perso. uclouvain. be/vincent. blondel/netmob/2013/D4D-book. pdf*）.

vi　The coding of the nature of the data in the MDG database （*http：//*

mdgs. un. org/unsd/mdg/Data. aspx）is as follows：Country data：Produced and disseminated by the country（including data adjusted by the country to meet international standards）.

- Country data adjusted：Produced and provided by the country，but adjusted by the international agency for international comparability to comply with internationally agreed standards，definitions and classifications.

- Estimated：Estimated are based on national data，such as surveys or administrative records，or other sources but on the same variable being estimated，produced by the international agency when country data for some year（s）is not available，when multiple sources exist，or when there are data quality issues.

- Modelled：Modelled by the agency on the basis of other covariates when there is a complete lack of data on the variable being estimated.

- Global monitoring data：Produced on a regular basis by the designated agency for global monitoring，based on country data. There is no corresponding figure at the country level.

vii　UNICEF（2013）. Every Child's Birth Right：Inequities and trends in birth registration.（*http：//www. unicef. org/mena/MENA – Birth＿Registration＿report＿low＿res* – 01. *pdf*）.

viii　A UN Women's compilation of country surveys on violence against Woman is available from *http：//www. endvawnow. org/uploads/browser/files/vawprevalence＿matrix＿june*2013. *pdf.*

ix　UNHCR（June 2014）. "UNHCR Global Trends 2013：War's Human Cost" .（*http：//unhcr. org/trends*2013/）.

x　This is also the aim of the initiatives launched around the world to go 'Beyond GDP' . For a review of these initiatives see *www. wikiprogress. org.*

xi　UN Global Pulse（June 2013）. Big Data for Development：A Primer，p. 4（*http：//www. unglobalpulse. org/bigdataprimer*）.

xii   UK Department for Business, Innovation & Skills and Cabinet Office (May 2013). "Market assessment of public sector information." (*https：// www. gov. uk/government/publications/public-sector-information-market-assess-ment*).

xiii   Chui, M. Farrell, D. and Jackson, K. (April 2014). "Howgovernment can promote open data". McKinsey&Company. (*http//www. mckin-sey. com/insights/public_sector/how_government_can_promote_open_data*).

xiv   Kumar, R. (2014) "How Youth Saved Bananas in Uganda" (*http：//blogs. worldbank. org/youthink/how-youth-saved-bananas-uganda*).

xv   Pentland, A. (October 2013). "The Data Driven Society", Scientific American, pp. 78 – 83.

xvi   World Bank and WHO (May 2014). Global Civil Registration and Vital Statistics Scaling Up Investment Plan 2015 – 2024. Working Paper 88351. (*http：//www. worldbank. org/en/topic/health/publication/global-civil-registration-vital-statistics-scaling-up-investment*).

xvii   The World Bank Group and the governments of Canada, Norway, and the United States.

作者简介

托马斯·哈乔诺（Thomas Hardjono）是麻省理工学院"连接科学与工程"的首席技术官。他领导与身份、安全和数据隐私相关的技术项目和计划，并把行业合作伙伴和赞助商都吸引到这些前沿领域。托马斯还是麻省理工学院连接科学互联网信任联盟的技术总监，该联盟基于前沿研究开发开源软件。在此之前，托马斯是麻省理工学院 Kerberos 联盟的主管，负责开发著名的 MIT Kerberos 身份验证软件，目前全世界数百万用户都在使用该软件。威瑞信公司是世界上最大的公钥基础设施提供商。自 20 世纪 90 年代中期开始，作为威瑞信公司（VeriSign）的首席科学家，他在新兴的公钥基础设施行业工作。近 20 年来，始终活跃于安全、应用密码学和身份管理领域。他的工作范围包括 DOCSIS 电缆调制解调器、WiFi 设备和可信任平台模块（TPM）安全硬件的设备认证。他主持了多个关键技术小组，包括互联网工程任务组（IETF）、OASIS、Trusted Computing Group、Kantara 等其他组织。在麻省理工学院，托马斯在 OpenID – Connect 1.0 协议（OIDC）的开发中发挥了重要作用，在一所重点大学建立了首个 OIDC 服务（oidc. mit. edu）。多年来，他出版了三本书，在期刊和会议上发表了六十多篇技术论文。他拥有 19 项安全和密码学领域的专利。托马斯拥有悉尼大学计算机科学学士学位和澳大利亚新南威尔士大学计算机科学博士学位。

大卫·舍瑞尔（David Shrier）是麻省理工学院"连接科学"的常务董事，领导麻省理工学院新项目的创建和启动工作。他还是 WorldQuant 大学咨询委员会成员，该大学提供完全免费的可以在线认证的分析学硕士学位。大卫最近就创新商业化问题向欧盟委员会提出建议，重点关注数字技术，就企业创新问题向上市和非上市公司提供咨询。大卫擅长在已建立的平台上创收，与 GE/NBC Universal，美国邓白氏公司、威科集团、迪士尼、安永会计师事务所、AOL Verizon、喜达屋酒店集团以及领先的私募股权和风险投资基金共同开发了 85 亿美元的增长机会。他还创办和/或领导了一些私募股权和风险投资公司，担任公司的首席执行官、首席财务官或首席运营官。大卫为麻省理工学院创造了一个名为"金融科技创新：未来商务"的革命性在线金融科技创业学习体验，该课程已在 89 个国家开展，还为麻省理工学院讲授课程、举办讲习班，如"数据学院"、"激励变革：创业成功的战略叙述"、"大数据和社会分析"和"未来健康"。他的第一本书是与桑迪·彭特兰合著的，书名叫作《金融技术的前沿》。大卫拥有布朗大学生物学和戏剧学士学位。

阿莱克斯·桑迪·彭特兰（Alex "Sandy" Pentland）教授在麻省理工学院媒体实验室（SA + P）、工程学院和管理学院均担任职务。他还负责麻省理工学院的"连接科学"项目、人类动态实验室和媒体实验室创业项目，并且是谷歌、尼桑、西班牙电信、腾讯，以及各种初创公司的咨询委员会成员。几年来，他与其他人共同领导了世界经济论坛的大数据计划和个人数据计划。他开创了可穿戴计算和计算社会科学领域，创建了几个成功的初创公司和技术衍生领域。联合国秘书长最近任命桑迪为数据革命促进可持续发展问题独立专家咨询小组成员。他的文章《建设伟大团队的新科学》（The New Science of Building Great Teams）被《哈佛商业评论》（Harvard Business Review）评为 2012 年度优秀论文。桑迪曾帮助创建并指导麻省理工学院的媒体实验室、印度理工学院媒体实验室在亚洲的实验室，以及 Strong Hospital 的未来健康中心。他最近领导了一个大数据和医疗保健工作队，参加在卡塔尔多哈举行的世界医疗保健创新峰会。2012 年，《福布斯》把桑迪与谷歌创始人和首席技术官一同列为"全球七大数据科学家"之一，2013 年，他获得了《哈佛商业评论》颁发的麦肯锡奖。彭特兰教授的著作包括《诚实信号》、《社会物理学》和《金融技术的前沿》。他于 2014 年被提名为美国国家工程院院士。桑迪拥有密歇根大学的通识学士和麻省理工学院的博士学位。

丹尼尔·达扎·格林伍德（Daniel "Dazza" Greenwood）是一位企业家、创新者和国家级的思想家，致力于设计和部署可扩展的分布式信任网络和其他数字系统。达扎是 1996 年创立的数字商业系统设计和建筑公司 CIVICS. com 的负责人。在麻省理工学院媒体实验室和麻省理工学院连接科学项目组，达扎讲授和开展大数据、数字身份联盟、个人数据共享方面的研究与开发，正在通过 law. MIT. edu 活动和项目研究计算法则和法律统计学领域。在私人领域，达扎通过 CIVICS. com 为行业、政府和民间组织，包括财富 50 强公司、国家政府和市场提供专业咨询服务。达扎推动和领导了许多旨在制定创新法律解决方案、技术标准和业务模式的行业、政府和公私部门的计划。

杰克·肯德尔（Jake Kendall）是 Caribou Digital 的数字金融服务创新实验室（DFS 实验室）主任。以前，杰克是盖茨基金会（Gates Foundation）贫穷团队金融服务的研究和新兴技术部副主任，他的团队在该基金会创建了跟踪金融包容性的全球数据架构，投资开发了高潜力的新兴技术。杰克是一位出版过著作的研究人员和作者，拥有加州大学圣克鲁斯分校经济学博士学位和麻省理工学院物理学学士学位。在加入盖茨基金会之前，他曾在世界银行援助穷人协商小组担任经济学家，并在公共密钥加密领域的两个金融科技初创公司任职。杰克还在赞比亚待过两年，在美国和平队担任渔业推广代理，他年轻时曾在阿拉斯加工作，捕捞鲑鱼。

卡梅伦·克里（Cameron Kerry）是麻省理工学院媒体实验室的访问学者、布鲁金斯学会的杰出访问研究员、波士顿和华盛顿特区盛德国际律师事务所的高级顾问。他在盛德国际律师事务所的工作涉及隐私、安全和国际贸易问题。克里曾担任美国商务部的总法律顾问和代理秘书，他在一系列问题上的见解处于引领地位，为美国在全球市场上的经济增长奠定了新的基础。他不断就有关问题发表言论，特别是隐私和数据安全、知识产权和国际贸易等方面的问题。在担任代理秘书期间，卡梅伦·克里曾担任美国商务部的行政长官，领导全球 43000 名员工，同时也是总统的顾问。在他的任期内，美国历史上第一次有两个兄弟同时在总统内阁任职。

伊维斯－亚历山大·德蒙鸠斯伊（Yues－Alexandre de Montjoye）

是伦敦帝国学院的讲师，麻省理工学院媒体实验室的研究科学家。他最近从麻省理工学院获得了隐私保护计算博士学位。他的研究通过在诸如移动电话、信用卡或浏览数据等大规模元数据数据集中进行重新识别或推断，以了解人类行为的单一性是如何影响个人隐私的。他最近被提名为比利时 35 岁以下的创新者（TR35）。他的研究发表在《科学》和《自然》杂志的旗下子期刊《科学报道》。BBC、CNN、《纽约时报》、《华尔街日报》、《哈佛商业评论》、《世界报》、《明镜周刊》、《时代周刊》、《国家报》以及他的 TEDx 演讲都报道或提到过他的研究。他所致力于研究的匿名化缺点载于世界经济论坛、联合国、经合组织、联邦贸易委员会和欧盟委员会的报告。在到麻省理工学院之前，他是新墨西哥州圣菲研究所的研究员。伊维斯－亚历山大·德蒙鸠斯伊曾为波士顿咨询小组工作，并担任比尔及梅林达·盖茨基金会和联合国的专家。他是经合组织卫生数据治理咨询小组的成员。在 6 年的时间里，他在鲁汶获得了应用数学硕士学位、巴黎中央生态学院硕士学位、荷语天主教鲁汶大学数学工程硕士学位以及在鲁汶获得工程学士学位。

布鲁诺·莱普里（Bruno Lepri） 领导移动和社会计算实验室（MobS），并担任布鲁诺·凯斯勒基金会（意大利的特伦托）的复杂数据分析研究项目的副主任。布鲁诺也是麻省理工学院媒体实验室的助理研究员，与人类动力学小组和麻省理工学院"连接科学"项目组合作。他最近建立了麻省理工学院和布鲁诺·凯斯勒基金会的人类动力学观测站联盟。他还是大数据民众联盟的高级助理研究员。大数据民众联盟是第一个研究大数据与发展的智囊团，由哈佛人道主义计划、麻省理工学院媒体实验室、海外发展研究所和 Flowminder 基金会共同创建，旨在推动以人为本的大数据革命。2010 年，他担任了玛丽·居里共同基金的博士后研究员，在布鲁诺·凯斯勒基金会和麻省理工学院媒体实验室担任博士后职位。他拥有特伦托大学计算机科学博士学位。他还担任几家公司和国际组织的顾问。他的研究兴趣包括计算社会科学、大数据和个人数据、普适计算和人类行为理解。他的研究受到多家媒体的关注，并获得 ACM

Ubicomp 2014 年度最佳论文奖。

努丽娅·奥利弗（**Nuria Oliver**）是拥有麻省理工学院感知智能博士学位的计算机科学家。她有超过 20 年的研究经验，先是在麻省理工学院，然后是微软研究所（华盛顿州雷蒙德市），最后是西班牙研发中心（西班牙巴塞罗那）的第一位女性科学主管。她在计算人类行为建模、人机交互、移动计算和大数据分析方面的工作，特别是在社会公益方面的工作，享有国际盛誉。在国际会议和期刊上发表了 100 多篇科学文章，被引用超过 10000 次，还获得了几项最佳论文奖和提名。她是 40 项已提交专利的共同发明人，经常在国际会议上发表主旨演讲。她是第一位被 ACM 任命为杰出科学家的西班牙女计算机科学家，也是欧洲人工智能协会的一名研究员。她的工作获得过许多国际奖项，如麻省理工学院 TR100（今天的 TR35）青年创新者奖（2004 年）和高迪·格雷索尔科学技术卓越奖（2016 年）。她曾被评选为《国家报》（2012 年）西班牙"9 名优秀女性技术主管"之一、《资本》（2009 年）"未来 100 名领导人"之一、《经济与社会妇女论坛》（2009 年）新兴人才、《国家报》（1999 年）"西班牙 40 名潜力巨大的年轻人"之一等。她的满腔热情被投入到技术上，通过技术提高人们的生活质量，无论是个人生活质量还是集体生活质量。她还对科学外联和激励新一代（特别是女性新一代）从事科技事业非常感兴趣。因此，她经常与媒体合作，与公众特别是与数千名青少年进行对话。

雅各布·斯塔亚诺（**Jacopo Staiano**）是富通金融解决方案实验室的数据研究科学家，也是大数据民众联盟的助理研究员。此前，他曾在巴黎第六大学和索邦大学的巴黎六大计算机科学实验室以及布鲁诺·凯斯勒基金会（意大利特伦托自治省）的移动和社会计算实验室担任博士后。在获得贝尔法斯特女王大学音波艺术硕士学位和特伦托大学人类语言技术和界面硕士学位之前，他还获得了比萨大学计算机工程学士学位。他拥有特伦托大学信息与通信技术博士学位。他曾在环境智能研究实验室、斯坦福大学、人类动态实验室、麻省理工学院媒体实验室和西班牙电信 I + D 做过访问研究员。他的研究兴趣包括计算社会科学、情感和普适计算、机器学习和自然语言处理。他的研究受到多家媒体的关注，于 2012 年获得 ACM DIS 的荣誉奖，在 2014 年 ACM UbiComp 获得最佳论文奖。

盖伊·奇斯金（Guy Zyskind）是 Enigma 的创始人和首席执行官。Enigma 是一家通过使用安全多方计算（MPC）和区块链技术实现加密数据计算的公司。Enigma 是盖伊在麻省理工学院毕业论文的最终成果。他在麻省理工学院讲授区块链工程的首期课程。盖伊发表过多篇学术论文。他的近期论文大都以隐私和区块链为主题，其中包括 Enigma 白皮书（下载次数超过 10 万次）和出现在 2015 年 IEEE SPW 期刊上的《分散隐私：使用区块链保护个人数据》。此前，盖伊曾领导了几家初创公司的发展。最值得注意的是，他是雅典娜智慧公司（现在的 Endor 公司）的首席技术官。该公司是麻省理工学院媒体实验室的一家附属公司，涉及大数据分析和网络科学。盖伊拥有麻省理工学院的硕士学位和特拉维夫大学的电气工程与计算机科学学士学位。